CONTRIBUTOS
PARA AS SOCIEDADES DE ADVOGADOS

ASAP – ASSOCIAÇÃO DAS SOCIEDADES DE ADVOGADOS DE PORTUGAL

CONTRIBUTOS
PARA AS SOCIEDADES DE ADVOGADOS

CONTRIBUTOS
PARA AS SOCIEDADES DE ADVOGADOS

AUTOR
ASAP – ASSOCIAÇÃO DAS SOCIEDADES DE ADVOGADOS DE PORTUGAL

EDITOR
EDIÇÕES ALMEDINA. SA
Av. Fernão Magalhães, n.º 584, 5.º Andar
3000-174 Coimbra
Tel.: 239 851 904
Fax: 239 851 901
www.almedina.net
editora@almedina.net

PRÉ-IMPRESSÃO | IMPRESSÃO | ACABAMENTO
G.C. GRÁFICA DE COIMBRA, LDA.
Palheira – Assafarge
3001-453 Coimbra
producao@graficadecoimbra.pt

Maio, 2010

DEPÓSITO LEGAL
311724/10

Os dados e as opiniões inseridos na presente publicação
são da exclusiva responsabilidade do(s) seu(s) autor(es).

Toda a reprodução desta obra, por fotocópia ou outro qualquer
processo, sem prévia autorização escrita do Editor, é ilícita
e passível de procedimento judicial contra o infractor.

Biblioteca Nacional de Portugal – Catalogação na Publicação

ASAP – ASSOCIAÇÃO DAS SOCIEDADES DE ADVOGADOS
DE PORTUGAL

Contributos para as Sociedades de Advogados
ISBN 978-972-40-4242-8

CDU 347
    061

Aos anteriores Conselhos Directores (e demais órgãos sociais da ASAP), sem cujo trabalho e dedicação não teríamos conseguido chegar até aqui, e aos futuros Órgãos Sociais da ASAP, para que esta iniciativa, mais do que um estímulo, seja um marco – entre muitos outros – no longo caminho do que há para fazer em prol das Sociedades de Advogados em Portugal.

INDICE

Introdução 9

1. ASAP – O começo de uma longa história 15
João Pedro Gonçalves Gomes

2. As Sociedades de Advogados 23

    A. O regime jurídico das Sociedades de Advogados 23
    Jorge de Abreu

    B. As Sociedades de Advogados familiares e a sua evolução .. 39
    Miguel Cancella d'Abreu/Rui Souto

    C. Sociedades de Advogados – A dimensão e a especialização 61
    Paulo Saragoça da Matta

    D. Contributos para a compreensão do regime fiscal das Sociedades de Advogados 81
    Pedro Marinho Falcão/Ana Valente Vieira

    E. A gestão de Sociedades de Advogados 103
    Pedro Rebelo de Sousa

    F. Gestão do conhecimento nas Sociedade de Advogados 113
    Cristina Mendes Pires

    G. A Cultura nas Sociedades de Advogados 123
    João Vieira de Almeida

    H. As Sociedades de Advogados de cunho ibérico 139
    Albano Sarmento

    I. A internacionalização das Sociedades de Advogados portuguesas 143
    Agostinho Pereira de Miranda

3. Os sócios 147

    A. Da defesa do "lockstep" 147
    Fernando Campos Ferreira

B. "Eat what you kill" 155
      Francisco Sá Carneiro

4. Os associados e estagiários – As novas expectativas 183
   FIND

5. Os clientes 189

   A. Algumas reflexões sobre a relação das Sociedades de Advogados com os clientes 189
      Luís Sáragga Leal

   B. Conflitos de interesses 197
      João Paulo Teixeira de Matos

   C. Vantagens e dificuldades no networking de Advogados 221
      Manuel Barrocas

6. Reporting on a changing (and more challenging) legal world 225
   Scott Appleton and Moray McLaren

INTRODUÇÃO

Este livro reflecte o esforço do actual Conselho Director da ASAP (de que tenho o enorme gosto de fazer parte) de levar a bom porto um livro com temas de inegável interesse para a gestão das sociedades de advogados. Mas esta iniciativa reflecte ainda o interesse demonstrado pelos seus contribuidores – na grande maioria advogados e na quase totalidade sócios fundadores de sociedades de advogados Associadas da ASAP – em dar o seu contributo e em partilhar os seus conhecimentos com Colegas que "embarcaram" já também (ou pensam ainda "embarcar") nesta emocionante viagem do exercício societário da Profissão de Advogado, por "mares" ainda tão pouco (e há tão pouco tempo) "navegados".

Todos os contributos foram primeiro identificados por área ou motivo de interesse, partindo-se depois para o convite aos Colegas, todos com grande experiência e reconhecimento em cada um dos temas. Para nós, membros do Conselho Director, foi com especial orgulho que recebemos contributos em temas que nunca tinham sido tratados com tal profundidade em Português e por Colegas Portugueses. Dessa constatação à oportunidade da sua publicação na forma mais digna que este livro constitui foi um curto passo.

Cabe-me também agradecer à Almedina, na pessoa concreta da Paula Valente, pela sensibilidade e instinto para reconhecer a oportunidade da iniciativa. A confiança depositada e a extraordinária eficiência na apresentação de uma proposta em condições e *timings* impossíveis foi uma odisseia improvável, cujo sucesso se consubstanciará na apresentação deste livro no 3.º Encontro Nacional das Sociedades de Advogados a realizar pela ASAP a 28 de Maio de 2010 – ou seja, menos de um mês após a proposta editorial ter sido aprovada – e assim transformando a palavra "impossível" num entusiasmante desafio.

Não seguindo qualquer ordem de importância, deixo para o fim os agradecimentos aos Colegas e demais Contribuidores, sem os quais este livro não existiria e com os quais ele assume o papel de obra pioneira no tratamento destes temas em Portugal. Agradeço ainda aos leitores, Colegas – advogados ou não – mas que de comum têm a curiosidade por estas realidades. Sem o vosso interesse, que sabemos existir, este livro limitar-se-ia a um exercício de estilo e/ou de mera opinião. Convosco, poderá ser um ponto de partida para o aprofundamento nas direcções apontadas pelos autores de cada um dos temas, ou noutras direcções, num debate que antes da ASAP não existia e que, apesar das suas várias iniciativas nestes últimos 9 anos, ainda não existe com a dimensão e profundidade necessárias.

Permitam-me uma palavra final de apreço ao Conselho Director de que tenho a honra de fazer parte – composto pelo Ricardo Guimarães (Sérvulo), Francisco Sá Carneiro (Campos Ferreira, Sá Carneiro & Associados), Manuel Protásio (Vieira de Almeida & Associados), José de Freitas (Cuatrecasas, Gonçalves Pereira), Rui Amendoeira (Miranda) e Pedro Siza Vieira (Linklaters), assim como aos vogais do Conselho Fiscal Miguel Cancella d'Abreu e Francisco de Sousa de Brito que nos deram o prazer e benefício de participarem na maioria das nossas reuniões – nesta recta final do nosso mandato, que termina no final do corrente ano de 2010. Uma última palavra justa de agradecimento à Alexandra Guerra que nos secretariou e apoiou durante este mandato, em todas as iniciativas que a ASAP promoveu (e promoverá ainda).

Não sendo de forma alguma este livro pertença deste Conselho Director (excepto na estrita medida em que o Francisco e o Miguel também para ele contribuíram), penso que ele ilustra bem a natureza das iniciativas que quem acredita nos méritos de uma associação como a ASAP (nela investindo mensalmente várias horas do seu tempo, durante três anos) consegue realizar, com criatividade, muito empenho e grande sentido de humor. A todos agradeço a dedicação, as ideias e o apoio na sua concretização, todos os muitos momentos bem passados, bem como a aceitação, sempre Amiga, das limitações do seu Presidente. Sem todos, a ASAP teria sem dúvida continuado a existir mas, como agora se diz, não *"teria sido a mesma coisa"*.

Um agradecimento final aos membros dos actuais Órgãos Sociais da ASAP (2008/2010) que consideram propor-se para fazerem parte das equipas para o próximo mandato (2011/2013), assegurando assim a passagem do actual testemunho, assente no muito que nestes primeiros 9 anos se já fez, para o que sem dúvida se fará melhor durante os 3 anos do próximo mandato. Bem haja a todos pela coragem e espírito de missão, que quem está nesta "viagem" desde o primeiro dia da ASAP dá especial valor, pois esbatido os entusiasmos da "partida" é necessária ainda mais "bravura" e persistência ao "leme" para não se esmorecerem os "ânimos", tanto perante as adversidades da "rota" como pela distância do "destino" final.

Com o orgulho de ter feito parte das equipas pioneiras que trilharam os primeiros trajectos da Associação, enriquecido pelas muitas experiências vividas e, sobretudo, pelas Amizades estabelecidas e/ou reforçadas, junto--me agora à "tripulação" com aqueles, cada vez em maior número, que estarão sempre ao dispor da ASAP e de todas as suas iniciativas, na distinta qualidade de membro de uma sociedade de advogados Associada da ASAP.

Pedro Cardigos

Presidente do Conselho Director da ASAP
– Associação das Sociedades de Advogados
de Portugal (2008-2010)

Órgãos Sociais da ASAP
Triénio 2008-2011

Conselho Director

Presidente
Dr. Pedro Cardigos (CARDIGOS)

Tesoureiro
Dr. Manuel Protásio (Vieira de Almeida & Associados)

Vogal
Dr. Rui Amendoeira (Miranda Correia Amendoeira & Associados)

Vogal
Dr. Francisco Sá Carneiro (Campos Ferreira, Sá Carneiro & Associados)

Vogal
Dr. José de Freitas (Cuatrecasas, Gonçalves Pereira)

Vogal
Dr. Pedro Siza Vieira (Linklaters)

Vogal
Dr. Ricardo Guimarães (Sérvulo & Associados)

Mesa da Assembleia Geral

Presidente
Dr. Fernando Campos Ferreira (Campos Ferreira, Sá Carneiro & Associados)

Secretário
Dr. Afonso Barroso (Abreu & Marques e Associados)

Secretário
> Dr. Nuno Cerejeira Namora (Nuno Cerejeira Namora, Pedro Marinho Falcão & Associados)

Conselho Fiscal

Presidente
> Dr. Pedro Rebelo de Sousa (SRS – Sociedade Rebelo de Sousa & Advogados Associados)

Vogal
> Dr. Miguel Cancella d'Abreu (Cancella d'Abreu, Esteves & Associados)

Secretário
> Dr. Francisco Souza de Brito (FPF de Souza de Brito & Associados).

1. ASAP – O começo de uma longa história

João Pedro Gonçalves Gomes[*]

Corria o mês de Novembro do ano 2000 quando fui convidado no Brasil (São Paulo) para estar presente num jantar do *Centro de Estudos das Sociedades de Advogados – CESA*. O jantar era em casa de um advogado ilustre e amigo de longa data, Horácio Bernardes, então Presidente da *Association International des Jeunes Avocats* – AIJA – e também Vice Presidente do *CESA*.

O evento teve como propósito um encontro informal dos membros da CESA alusivo à época de Natal. Fiquei curioso sobre a Instituição, de que já tinha ouvido falar (o escritório *Castro, Barros, Sobral, Gomes* havia sido sócio fundador em 1983). Assim, resultou por demais esclarecedora a troca de impressões informal que ocorreu em casa do Dr. Horácio Bernardes com os diversos elementos, todos eles sócios de Sociedades de Advogados que integravam o *CESA*.

Desde logo, dei-me conta da enorme solidariedade, simpatia e facilidade de comunicação que se gerara entre todos os membros que ali se encontravam. Com um e outro fui conversando e recolhendo a sua opinião sobre a associação e os seus frutos.

O intercâmbio de ideias, a colaboração nos dossiers de clientes a quatro mãos, a rotatividade dos estagiários em áreas de escritório complementares, a mais valia de uma força conjunta na aquisição de equipamento, o clima de abertura, simpatia e solidariedade que se gerou entre as Sociedades de Advogados, era, de facto, notório. Não existia naquele jantar uma única opinião divergente sobre as enormes vantagens, sendo o saldo da balança amplamente positivo!

Ali estavam representadas as grandes Sociedades de Advogados do Brasil – nomes ilustres como Clemencia Beatriz Wolthers, Celso de Souza Azzi, Thomas Benes Felsberg, Otávio Uchôa da Veiga

---

[*] Barros, Sobral, G. Gomes & Associados – Sociedade de Advogados, RL

Filho, António Alberto Gouveia Vieira, António Corrêa Meyer, João Humberto Martorelli e Ronaldo Camargo Veirano entre outros. Lá me foram contando que anteriormente à existência do *CESA* todos estavam muito voltados de costas uns para os outros e que a intervenção da Associação abriu novos horizontes, estabeleceu pontos de contacto e gerou um saudável convívio que favoreceu tudo e todos.

Passou a ser comum Sociedades mais especializadas em determinadas áreas do direito auxiliarem as outras, com a garantia da independência de clientela e salvaguarda da mesma. Os grandes temas de debate que se colocavam à profissão de advogado passaram a ser abarcados pela Associação em regime de fórum interno, permitindo ser esta o interlocutor qualificado para tratar dos assuntos junto à Ordem dos Advogados do Brasil.

Acima de tudo notei que quem ali estava não eram concorrentes mas sim amigos solidários, colegas de trabalho na mesma profissão, capazes de se ajudar, apoiar, pondo as suas capacidades, as suas áreas de especialização, os seus contactos no exterior, os seus escritórios no estrangeiro, à disposição de uns e de outros.

Vários escritórios passavam a ter mais clientes porque outras sociedades, de certa forma, e indirectamente, passavam a sê-lo, quando os assuntos dos seus clientes directos o justificavam em termos de disponibilidade e especialidade.

O que aprendi levou-me a reflectir profundamente no quanto de útil seria batalhar e avançar por um caminho similar em Portugal. De facto, também na advocacia nacional e no crescimento ainda embrionário das Sociedades de Advogados Portuguesas, existia, e ainda existe um pouco, a política do «orgulhosamente sós». Vivíamos voltados de costas uns para os outros, com falta de diálogo e capacidade de troca de impressões para um trabalho com benefício conjunto.

Assim, a pouco e pouco assentámos ideias sobre a necessidade de criar uma Associação em Portugal que representasse as Sociedades de Advogados junto das entidades públicas e privadas, que promovesse estudos e tomasse posição em nome das Sociedades de

Advogados nas decisões jurídicas e assuntos relativos à administração da justiça, promovendo também estudos em defesa das questões dos interesses desses mesmos advogados.

Visava-se também a obtenção de maiores facilidades no exercício da profissão de advogado organizada societariamente, sendo um fórum de debate dos problemas de interesse dessas mesmas Sociedades de Advogados com capacidade de diálogo e expressão junto à Ordem dos Advogados de Portugal.

Tratava-se igualmente de promover cursos, conferências, congressos e outras organizações visando o estudo de matérias ligadas ao exercício da nossa profissão.

Enfim, fazendo curta uma longa história, pretendia-se aproximar mais as Sociedades de Advogados, os seus sócios e colaboradores, visando um intercâmbio profissional que permitisse muitas vezes satisfazer as necessidades do cliente em termos de especialização, de forma coordenada, minimizando também os gastos e custos administrativos e promovendo, acima de tudo, uma maior abertura de diálogo entre todos os profissionais da advocacia organizados societariamente.

Começaram pois, logo no início de 2001, as demarches nesse sentido. Com os estatutos do *CESA* na mão e organizadas as ideias, tive as conversas preliminares com o então bastonário António Pires de Lima a quem expus o projecto e a ideia e que não deixou de ser bem aceite pela então primeira figura da nossa Ordem de Advogados. Em nada se pretendia substituir a Ordem, apenas se apostava num fórum de debate e de reflexão de temas, alguns dos quais já preocupava a própria Ordem que encontrava dificuldade em analisá-los na profundidade desejada.

Pedi à época ao Dr. António Pires de Lima que junto dos seus contactos Brasileiros indagasse do sucesso do *CESA*. Dei-lhe a conhecer o que significava essa Associação, que já estava constituída desde 1983, na altura por trinta e sete Sociedades de Advogados, entre as quais se encontrava o então denominado escritório de advocacia Castro Barros SC, mais tarde *Castro, Barros, Sobral, Gomes Advogados*.

Faltava, pois, o mais difícil: convencer os meus ilustres colegas de que o projecto tinha a valia, que não pretendia ser mais do que aquilo a que se propunha. Comecei por identificar os Managing Partners das Sociedades de Advogados existentes, muitos deles já meus conhecidos, com quem, primeiro telefonicamente, depois em visita pontual, fui conversando, transmitindo ideias e dando conta dos conhecimentos adquiridos sobre o *CESA*, da sua realidade de vinte anos de história de sucesso no Brasil, evidenciando as vantagens que uma associação similar traria para todos nós.

Como entre o dizer e o fazer vai uma grande distância, entendi por bem que seria necessário um ponto de encontro com os representantes das principais Sociedades de Advogados para, de viva voz, lhes fazer sentir e transmitir a confiança no futuro sucesso que o projecto merecia.

Assim, em 24.01.2001, tomei a liberdade de convidar, para um jantar informal na Quinta da Praia em Alcochete, as principais Sociedades de Advogados, com quem já havia trocado impressões telefonicamente. Estiveram presentes o Dr. Pedro Cardigos dos Reis, representante, na altura, da *Abreu, Cardigos & Associados*, o Dr. Afonso Barroso, representante da *Abreu & Marques e Associados*, o Dr. Jorge Bleck que representou a *A.M. Pereira, Sáragga Leal, Oliveira Martins, Júdice & Associados* e também a *Morais Leitão, Galvão Teles & Associados*, pela *Barrocas & Alves Pereira* compareceu o Dr. José Alves Pereira, o Dr. Octávio Castelo Paulo que representou o *Grupo Legal Português*, o Dr. Paulo Pinheiro representando a *Vieira de Almeida & Associados*, o Dr. Duarte Athaíde representante da *Xavier, Bernardes, Bragança & Associados*, para além da *Barros, Sobral. G. Gomes* representada por mim.

Nesse jantar debateu-se o tema «A actual organização do exercício da profissão de advogado» e retiraram-se umas conclusões expressas numa acta informal cujo texto se anexa sob o título «Jantar debate sobre o Centro de Estudos das Sociedades de Advogados.» (anexo I)

Entendeu-se nesse encontro que seria oportuna a constituição do *CESA* Portugal (posteriormente ASAP) até ao final desse mesmo ano e que, obviamente, ela deveria funcionar em estreita colaboração com a Ordem dos Advogados.

Estabeleceu-se que, independentemente da morosidade e do formalismo de constituição, o tema prioritário de debate seria, desde logo, o estudo e discussão sobre as matérias organizacionais e deontológicas dos advogados. Deste encontro já surgiu o interesse de marcar uma nova reunião para o final de Fevereiro que, segundo sugestão, deveria decorrer preferencialmente na Ordem dos Advogados, com a presença do Sr. Bastonário António Pires de Lima, caso fosse viável.

Assim, a 16.02.2001, foi enviada ao então Sr. Bastonário, Dr. António Pires de Lima, uma carta onde se juntava a respectiva súmula do nosso encontro de 24.01.2001.

Existiram algumas rectificações/sugestões: por parte do então Grupo Legal Português fazendo menção à problemática da actuação profissional de outras organizações que, não estando sujeitas às regras da Ordem dos Advogados – nomeadamente as deontológicas –, prestam um tipo de serviço em concorrência desleal; também a Xavier Bernardes e Bragança, na altura através do Dr. Duarte Athaíde, mencionou que, apesar de concordar inteiramente com o modelo, seria inconveniente manter o nome *CESA* similar ao do Brasil pois seria susceptível de gerar confusão e indiciar qualquer relação de interdependência que não se enquadrava nos objectivos desta iniciativa. Daí veio a optar-se pelo nome **ASAP – Associação das Sociedades de Advogados de Portugal.**

Contributos foram igualmente prestados por parte do Dr. Paulo Pinheiro da Sociedade de Advogados Vieira de Almeida, o mesmo acontecendo quanto à Abreu e Marques representada pelo Dr. Afonso Barroso.

Assentes as alterações, foi enviado à Ordem dos Advogados, em 16.02.2001, a versão final que muito beneficiou do contributo das diversas sociedades participantes.

No dia 19.02.2001 tivemos a resposta do Sr. Bastonário António Pires de Lima, demonstrando todo o interesse na iniciativa, pondo à disposição as instalações da Ordem e manifestando o seu interesse em estar presente na primeira reunião formal.

Estava, assim, concluído o terceiro passo que se seguiu ao de recolha dos conhecimentos no Brasil, ao da aproximação a um grupo de Sociedades de Advogados em Portugal que acederam a uma reunião de trabalho (realizada durante um jantar) e sendo finalmente, o último, a aprovação pela Ordem dos Advogados da iniciativa.

Não posso deixar de referir que não foi sem algum esforço diplomático e grande persistência que estes passos decorreram num curto período de tempo. Houve que vencer o cepticismo tão português muitas vezes avesso à inovação.

Foi assim com grande honra que estive presente, a 14 de Fevereiro de 2002, na outorga da escritura de constituição da A.S.A.P.

Mais tarde, decorreu na Ordem dos Advogados uma sessão de abertura de trabalhos com o novo bastonário José Miguel Júdice, tendo tido a presença do então já Presidente do *CESA* Brasil Dr. Horácio Bernardes, que numa viva e notável exposição, nos transmitiu o historial, a experiência e o sucesso da instituição no Brasil.

Por último, registo com grande agrado a evolução e sucesso alcançado pela *ASAP* nos anos que se seguiram, de que o nível dos últimos encontros foi exemplo, felicitando o actual presidente, Dr. Pedro Cardigos dos Reis, pelo dinamismo que soube implementar.

Ficam também duas palavras de agradecimento aos dois ilustres bastonários, António Pires de Lima e José Miguel Júdice, que com uma postura aberta, moderna e inovadora acolheram esta iniciativa da melhor forma, a qual sem o apoio da Ordem dos Advogados não faria sentido.

1º Jantar/Debate sobre o
Centro de Estudos de Sociedades de Advogados

No dia 24 de Janeiro de 2001 teve lugar, na Quinta da Praia das Fontes em Alcochete, o 1º jantar/debate sobre a Associação de Sociedades de Advogados, daqui em diante e para os efeitos do presente resumo referida como Centro de Estudos de Sociedades de Advogados ("CESA- Portugal").

Estiveram presentes as Sociedade de Advogados:
Abreu, Cardigos & Associados, representada pelo Sr. Dr. Pedro Cardigos dos Reis;
Abreu & Marques e Associados, representada pelo Sr. Dr. Afonso Barroso;
A. M. Pereira, Sáragga Leal, Oliveira Martins, Júdice & Associados que delegou a sua representação no Sr. Dr. Jorge Bleck;
Barrocas & Alves Pereira, representada pelo Sr. Dr. José Alves Pereira;
Barros, Sobral, G. Gomes & Associados representada pelo Senhor Dr. João Pedro Gomes e pela Sra. Dra. Rita Delgado;
F. Castelo Branco, P. Rebelo de Sousa & Associados - Sociedade de Advogados (Grupo Legal Português), representada pelo Sr. Dr. Octávio Castelo Paulo;
Morais Leitão, Galvão Teles & Associados, representada pelo Sr. Dr. Jorge Bleck;
Vieira de Almeida & Associados, representada pelo Sr. Dr. Paulo Pinheiro;
Xavier, Bernardes, Bragança e Associados, representada pelo Sr. Dr. Duarte Athayde

Tendo sido discutida a actual organização do exercício da profissão de Advogado através das Sociedades de Advogados, foi concluído pelas Sociedades de Advogados representadas ("Sociedades de Advogados") que:

1. As Sociedades de Advogados têm necessidade de regulamentação específica quanto a aspectos deontológicos e organizacionais;
2. As questões particulares e inerentes ao exercício da profissão de advocacia sob a forma societária não têm sido objecto de regulamentação específica por parte da Ordem dos Advogados Portugueses;

3. As Sociedades de Advogados estão cientes da presença, na área de actuação profissional dos Advogados, de outras organizações que, não estando sujeitas às regras da Ordem dos Advogados, designadamente as deontológicas, prestam o mesmo tipo de serviços em arguível concorrência desleal;

4. As Sociedades de Advogados consideram tal facto como prejudicial para a profissão de Advogado como um todo e lesivo do valor da Justiça em geral;

5. As Sociedades de Advogados consideram de interesse proceder à análise e estudo das questões organizacionais e deontológicas especificamente levantadas pelo exercício da profissão de advocacia sob a forma societária, sendo útil, para o efeito, encarar a constituição de uma associação;

6. As Sociedades de Advogados, para além de estudos nas áreas da deontologia e organização profissional, consideram ainda que seria útil o desenvolvimento de projectos conjuntos nas áreas das novas tecnologias;

7. Tal associação deverá funcionar em colaboração com a Ordem dos Advogados Portugueses, devendo procurar a aprovação e o apoio institucional para o projecto, nomeadamente, através da criação de um departamento no seio da Ordem;

8. O tempo oportuno para a constituição do CESA - Portugal depende da aprovação prévia ou da recusa de apoio da Ordem dos Advogados Portugueses para o projecto em apreço;

9. Algumas das Sociedades de Advogados presentes são da opinião que o CESA-Portugal deve estar constituído até ao final do corrente ano;

10. As Sociedades de Advogados concordam que, independentemente da constituição formal do CESA - Portugal, é de todo o interesse continuar esta iniciativa e iniciar, desde já, o estudo e a discussão sobre matérias organizacionais e deontológicas;

11. As Sociedades de Advogados concordam em marcar nova reunião para o final do mês de Fevereiro, a decorrer preferencialmente na Ordem dos Advogados, com a presença do Senhor Bastonário, se possível;

12. A segunda reunião das Sociedades de Advogados, para além de aprofundar a discussão sobre a constituição do CESA - Portugal, debruçar-se-á ainda sobre o regime constante do Decreto-lei nº. 513-Q/79 de 26 de Dezembro;

13. As Sociedades de Advogados desejam que o Exmo. Senhor Bastonário da Ordem dos Advogados seja informado quanto às conclusões da presente reunião, e que o seu alto patrocínio seja solicitado para esta iniciativa;

Lisboa, 24 de Janeiro de 2001

2. As Sociedades de Advogados

Jorge de Abreu[*]

A. O REGIME JURÍDICO DAS SOCIEDADES DE ADVOGADOS

1. Introdução

O presente trabalho insere-se numa colectânea de textos que constituem "contribuições para as sociedades de advogados", depreendendo-se que a obra, com tal título, visa compilar vários temas relativos a essas sociedades, sem que se pretenda uma exposição exaustiva de enquadramento jurídico das mesmas com génese nas pessoas colectivas, comparação detalhada com entidades afins, e tipificação daquilo que constitui a sua natureza jurídica.

Efectivamente são mais de vinte os temas a tratar, sem que haja delimitação dos mesmos no guia temático que foi proposto.

Abordaremos assim sucintamente pontos relevantes que levem à caracterização do regime de tais sociedades na nossa ordem jurídica e a sua evolução em dois estatutos distanciados por alguns anos.

2. Pessoas Colectivas

As sociedades de advogados enquadram-se em primeira análise no regime jurídico das pessoas colectivas,[1] a par das associações, fundações e outras entidades susceptíveis de serem titulares de

---

[*] Sócio fundador de Abreu & Marques, a quarta sociedade a ser constituída ao abrigo da primeira lei das sociedades de advogados, e registada em 20 de Janeiro de 1981.

[1] Artigos 157.º e seguintes do Código Civil.

direitos e de obrigações assumidas ou impostas, como é o caso das sociedades[2].

Das várias definições de pessoas colectivas entendemos realçar talvez a mais completa e abrangente do Professor Manuel de Andrade[3], como sendo a organização constituída por um agrupamento de indivíduos ou por um complexo patrimonial, tendo em vista a prossecução de um interesse comum determinado e às quais a ordem jurídica atribui a qualidade de sujeito de direitos, isto é, reconhece como centro autónomo de relações jurídicas[4]. Como pessoa colectiva a sociedade é definida através da relação contratual subjacente.

Diz-nos o Código Civil (artigo 980.º), que o contrato de sociedade é aquele em que duas ou mais pessoas se obrigam a contribuir com bens ou serviços para o exercício comum de certa actividade económica, que não seja a mera fruição, afim de repartirem os lucros resultantes dessa actividade.

É assim, no âmbito da Lei Civil, que nos aparecem os parâmetros do regime jurídico das sociedades com o estatuto de pessoas colectivas tal como acima definidas.

3. Os vários tipos de sociedades

A lei foi tipificando várias modalidades de sociedades de acordo com o seu estatuto e nos termos gerais do seu objecto – sociedades civis, sociedades civis sob a forma comercial, sociedades comerciais, estas dos quatro tipos conhecidos, sociedades de capitais públicos, sociedades de capitais mistos.

Por sua vez vários tipos de sociedades foram regulamentados de acordo com os termos específicos do seu objecto (bancárias,

---

[2] Artigos 980.º e seguintes do Código Civil
[3] In "Teoria Geral da Relação Jurídica", 1964 1.ª - 45
[4] Para outras definições de pessoa colectiva ver João Melo Franco e Herlander Antunes Martins, "Dicionário de Conceitos e Principios Jurídicos", Almedina, 658 e seguintes.

holdings, cooperativas, económicas mistas, parabancárias, gestoras, de investimento, leasing e locação, unipessoais e até conjugais).[5]

Do ponto de vista histórico-jurídico, a sociedade evoluiu desde o direito romano, já regulada como "societas" e definida como um contrato que traduzia a relação de cooperação entre duas ou mais pessoas.[6]

A "societas" evoluiu no âmbito das relações comerciais e consolidou-se em resultado da evolução histórica e do tráfego comercial, vindo a constituir a base para as sociedades que servem de referência às estruturas societárias – a sociedade comercial.

4. O Contrato de Sociedade e as Sociedades Unipessoais – Alargamento e Flexibilização

Na multiplicidade de objectivos lançados a partir de figuras jurídicas da sociedade, passou-se a uma regulamentação sectorial de vários tipos que conduziu até à evolução da relação contratual para um regime de unipessoalidade, dando assim forma a mais uma necessidade de implementação da estrutura jurídica que permite adulterar a noção inicial de sociedade civil, inicialmente definida[7].

O conceito de sociedade vem assim evoluindo no sentido de dar cobertura às relações de todo o tipo, e a constituir um meio de personalização de um vasto conjunto de necessidades e actividades próprias, independentemente da natureza contratual que lhe daria origem e agora posta em causa.

---

[5] Ibidem. Dicionário, 805.

[6] Sobre a evolução histórica das sociedades, veja-se Prof. Menezes Cordeiro, "Manual de Direito das Sociedades, Tomo I das Sociedades em Geral", 2004, Almedina, 29 e seguintes.

[7] Sobre sociedades unipessoais, vide, Ricardo A. Santos Costa, "A Sociedade por Quotas Unipessoal no Direito Português", 2002; e "As Sociedades Unipessoais, em Problemas do Direito das Sociedades", 2002, págs. 40 e ss.; vide Catarina Serra, "As Novas Sociedades Unipessoais por Quotas", em Sci. Iur, tomo XLVI, n.os 265/267, 1997, págs. 115 a 142.

Daí ter-se procedido às sucessivas regulamentações de tais sociedades em resultado dos seus fins e dos seus objectivos concretos, naquilo que se pode definir como especialização societária, tal como atrás se exemplificou.

Mas, para além dos diversos tipos de sociedades em função do seu objecto, dá-se também a estruturação de sociedades em função da qualidade dos sócios.

Nessa constante evolução e na sequência de modificações de necessidades e de meios no exercício de profissões, foram regulamentadas as sociedades profissionais e nomeadamente, pela primeira vez em Dezembro de 1979, as sociedades de advogados.[8]

5. Actividade Profissional de Advocacia, Natureza Própria, Especificidades

Em Portugal a advocacia sempre foi encarada e regulada como uma actividade pública ao serviço do direito e da justiça, o que levou à definição da Ordem dos Advogados como uma associação pública, com atribuições específicas definidoras dessa natureza pública[9], tal como estabelecido no actual Estatuto (Lei n.º 15/2005 de 26 de Janeiro).

É reconhecida ao advogado a sua indispensabilidade em relação à administração da justiça, sendo a sua actividade pautada por estritos deveres deontológicos contemplados no referido Estatuto.[10]

Assim o exercício da advocacia através de sociedades tinha de ter forçosamente regulamentação própria, de modo a assegurar a diferenciação na prestação de serviços de advocacia, consagrados também com a natureza de serviços públicos na administração da

---

[8] Decreto-Lei n.º 513 Q/79 de 26 de Dezembro,, com a nova redacção dada pelo Decreto-Lei n.º 237/2001 de 30 de Agosto.

[9] Estatuto – artigos 1.º e 3.º.

[10] Ibidem artigo 83.º e seguintes.

justiça, até em execução da regulação constitucional do patrocínio forense considerado como "elemento essencial" a essa administração da justiça.[11]

6. A Sociedade de Advogados

Nos países da "common law" surgiram já no século XIX as primeiras sociedades de advogados definidas como "law firms", e que eram caracterizadas como uma "partnership or other unincorporated business".[12-13]

Mas esse inicio e a subsequente expansão no mundo da "common law" não entendia a profissão como um "serviço público" e uma contribuição para a "administração da justiça", havendo uma dicotomia entre os "solicitors" e os "barristers", estes (advogados de tribunal), ainda hoje impedidos de se organizarem societariamente.

E foi essa organização empresarial do mundo anglo-saxónico que ditou a regulamentação das sociedades de advogados nos países de legislação "continental" a partir da década de 60 do século passado.

Portugal, embora já tardiamente, não fugiu à regra e regulou o exercício da advocacia através das sociedades de advogados.

---

[11] Constituição, artigo 208.º.

[12] "Pocket law", Tony Wales, The Economist Books.

[13] Uma das primeiras e mais duradouras "law firms" foi fundada em Nova Iorque pelos três irmãos Coudert, de nacionalidade francesa (a Coudert Brothers), que mais tarde vieram a abrir escritório em Paris em 1879. "Ao virar do século a Coudert Brothers era um gigante entre as sociedades de advogados, com sete sócios e cerca de nove associados nos escritórios de Nova Iorque, e pelo menos três advogados no escritório de Paris.", Coudert Brothers – a Legacy in Law, Virgínia Kays Veen Swijk, 117.

7. A Lei de 1979 – Decreto-Lei 513.º Q/79 de 26 de Dezembro

O antigo Estatuto da Ordem[14] já previa que as sociedades de advogados seriam regulamentadas quanto à sua criação e funcionamento por lei especial.

O preâmbulo do diploma que inicialmente as criou é orientador daquilo que constitui depois um articulado simples e espartano.

Rezava o seguinte:

> "*A complexidade que a advocacia tem alcançado pelo desenvolvimento de diversas disciplinas vem aconselhando que o seu exercício se realize por uma colaboração entre profissionais de diversa especialização. Por outro lado, o ingresso de Portugal em comunidades jurídicas como a CEE mais impõe esta actividade em equipa.*
>
> *A exemplo do que ocorre na generalidade dos países, há que permitir a institucionalização de sociedades de advogados, dando cobertura jurídica a situações de facto que as necessidades vêm impondo.*
>
> *No sentido de corresponder a uma pretensão expressa da Ordem dos Advogados, ora se estrutura o regime jurídico dessas sociedades, acolhendo em grande parte o projecto que teve publicação na sua Revista.*"

O diploma, com escassos 28 artigos, definiu o objectivo exclusivo das sociedades como sendo o exercício em comum da profissão de advogado, prevendo-se a aquisição de personalidade jurídica através do registo.

Estipularam-se os tipos de participação (industria e capital), regularam-se as transmissões, a exoneração e a exclusão, a responsabilidade ilimitada, a administração, assembleias gerais e contas, e a dissolução e liquidação.

---

[14] Decreto-Lei 84/84 de 13 de Março, artigo 173.º.

O diploma levou à constituição de 860 sociedades de advogados, durante a sua vigência e após um primeiro ano em que se registaram só 2.

8. O Novo Regime das Sociedades de Advogados – Decreto-Lei n.º 229/2004 de 10 de Dezembro

O novo regime das sociedades de advogados veio completar o que a lei anterior já estabelecia, colmatar várias omissões e desenvolver uma regulamentação aprovada 15 anos antes, que acompanhou um pujante desenvolvimento dos serviços de advocacia prestados através da estrutura das sociedades de advogados.

O novo diploma comportando 65 artigos, entrou em vigor a 9 de Janeiro de 2005, mesmo assim antes da entrada em vigor do novo Estatuto da Ordem dos Advogados aprovado pela Lei n.º 15//2005 de 26 de Janeiro.

Relativamente às sociedades de advogados, o novo Estatuto contemplou-as no final do articulado (artigo 203.º), estabelecendo a possibilidade de os advogados exercerem a profissão constituindo ou ingressando em sociedades de advogados como sócios ou associados.

E subordinou as referidas sociedades aos princípios deontológicos constantes no Estatuto, devendo os mesmos serem igualmente observados nas relações internas entre sócios e associados.

Estabelece ainda o artigo, que o regime das sociedades de advogados era regulado em diploma próprio, que já estava em vigor à data da publicação da referida Lei.

Contemplou ainda este artigo do Estatuto a proibição expressa da multidisciplinaridade nas sociedades de advogados, o que é regulado de forma abrangente e revelador de uma linha de orientação sobre um tema debatido na Ordem e nos Congressos de Advogados que antecederam esta sua proibição expressa.

Por ser de relevo transcreve-se o que sobre isto estabelece o artigo 203.º n.º 2,

*"Não é permitido às sociedades de advogados exercer directa ou indirectamente a sua actividade em qualquer tipo de associação ou integração com outras profissões, actividades e entidades cujo objecto social não seja o **exercício exclusivo** da advocacia.".*

É este **exercício exclusivo** da advocacia que constitui um primeiro elemento identificador do regime jurídico das sociedades de advogados e que aparecia consagrado na anterior lei reguladora.[15]

E embora esse princípio de exclusividade não apareça no preâmbulo mais substancial da nova lei (Decreto-Lei n.º 229/2004 de 10 de Dezembro), é o mesmo consagrado logo no articulado na sua tripla vertente:

- as sociedades de advogados são constituídas por dois ou mais advogados para o exercício comum da profissão (artigo 1.º n.º 2);
- os advogados só podem fazer parte de uma única sociedade de advogados, (artigo 5.º n.º 3);
- e devem consagrar a esta toda a sua actividade profissional de advogado, salvo se autorizado a fazê-lo no contrato de sociedade, ou por acordo escrito de todos os sócios. (artigos 5.º n.º 3 e 4.º)

O preâmbulo revela os pontos principais do novo regime que analisaremos adiante em mais destaque e que são os seguintes:

- ampla liberdade contratual;
- opção por um regime de responsabilidade ilimitada ou limitada na sociedade;
- liberdade de estabelecer a forma de cálculo do valor de amortização, aplicando-se o regime supletivo em caso de omissão no contrato de sociedade ou em acordo parassocial;
- natureza não mercantil da sociedade de advogados aplicando-se o regime das sociedades civis como regime supletivo;

---

[15] Artigo 1.º n.º 1 do Decreto-Lei 513 Q/79 de 26 de Dezembro.

- institucionalização das Sociedades de Advogados com manutenção da firma e obrigatoriedade de estabelecer planos de carreira, regulando os critérios de progresso dentro da sociedade;
- obrigatoriedade de depósito das contas da sociedade, em relação às sociedades que optem pelo regime da responsabilidade limitada;
- desburocratização de actos fazendo depender da aprovação prévia dos órgãos competentes da Ordem, unicamente o contrato social na constituição e na cisão ou fusão, ficando a eficácia dos actos dependente de registo.

Outras estipulações inovadoras foram contempladas como corolário do que consta nos princípios inovadores do regime e que passaremos também a referir.

8.1. Exclusividade

Já se mencionaram as disposições em que a exclusividade vem regulada constituindo elemento continuador da caracterização das sociedades de advogados, agora reforçado pela disposição do Estatuto que, como já se viu, proíbe expressamente a multidisciplinaridade.

Será contudo ainda útil analisar as razões e os casos em que a exclusividade na dedicação da actividade profissional a uma única sociedade de que o advogado pode ser sócio ou associado, pode não se aplicar.

Vimos que tal regra pode ser derrogada pelo contrato social ou por acordo escrito de todos os sócios, o que dispensa a deliberação em assembleia geral.

A derrogação justifica-se. O advogado pode ser confrontado com a necessidade de actuar como tal em situações do seu foro íntimo, familiar ou de estreitas relações pessoais.

Por outro lado, no âmbito desse exercício, pode ver-se solicitado a dar o seu conselho ou o seu apoio em situações ou ramos de direito que fogem ao âmbito das áreas escolhidas pela sociedade para o exercício da profissão.

Finalmente e como corolário do principio da independência que gere a profissão, pode o advogado no seu interesse ser solicitado a actuar em certo caso, sem que o pudesse fazer no âmbito da sociedade, em resultado de regras internas ou de acordo externo com o cliente.

Esta matéria, como tantas, outras mereciam que em diploma regulamentar e através de um Código de Conduta, fossem regulamentadas todas as questões de deontologia no âmbito das sociedades de advogados, quer no ponto de vista interno quer externo, regulando-se, entre outras, as questões elencadas como princípios no Código de Deontologia da União Europeia.[16]

8.2. Liberdade Contratual e Desburocratização

É deixado aos sócios a mais ampla liberdade contratual, havendo só nos casos da constituição, fusão e cisão o controlo prévio.

O registo é porém constitutivo, pode ser recusado, havendo assim um controle à posteriori da legalidade dos actos.

Dá-se grande relevo aos acordos parassociais e são várias as matérias que podem ser reguladas no contrato ou no acordo, sem se darem como enumeração taxativa e referindo-se a título exemplificativo a autorização para exercício da advocacia fora da sociedade (artigo 5.º n.º 4), a determinação do valor a pagar pela sociedade aquando da amortização ou extinção de participação no capital (artigos 17.º n.º 2 e 20.º n.º 2), a exoneração (artigo 20.º n.º 8), e a exclusão (artigo 22.º n.º 7).

Mas a liberdade contratual é limitada pelas disposições de matéria obrigatória. Assim, o artigo 7.º regula as matérias que devem

---

[16] O Instituto das Sociedades de Advogados iniciou em 2004 esse trabalho, tendo sido elaborado um índice de questões, aquando da ultimação do projecto de diploma, que veio dar lugar ao Decreto-Lei em análise.

obrigatoriamente ser reguladas no contrato de sociedade, o artigo 11.º n.º 2 regula o regime das denominações e o artigo 25.º estabelece as deliberações que devem ser tomadas por deliberação em assembleia geral de sócios.

8.3. Regime de Responsabilidade

Como se referiu, a sociedade pode escolher entre o regime de responsabilidade ilimitada (único contemplado no regime anterior) e o de responsabilidade limitada.

No artigo 33.º estabelece-se que a opção deve ser tomada no acto da constituição; para as sociedades já existentes, aplicou-se o artigo 63.º do diploma podendo a opção ser tomada pelas sociedades já constituídas durante o período do regime transitório.

Seria conveniente prever a possibilidade de permitir a mudança de regime em sociedades já existentes e através de simples alteração estatutária a qualquer tempo.

Ao optar pelo regime de responsabilidade limitada as sociedades têm de:

- dispôr de um capital mínimo de € 5.000 subscrito e realizado em dinheiro (artigo 35.º n.º 2);
- dispôr de um seguro obrigatório para cobertura de um valor correspondente a 50% da facturação da sociedade no ano anterior, mas com um mínimo de € 50.000 e um máximo de € 5.000.000 (artigo 37.º);
- depositar anualmente as contas (artigo 30.º n.º 3) sem que se estipule a sua finalidade, direitos de consulta e por quem, devendo ser assumido que a medida se destina à avaliação do cumprimento das regras que estabelecem o valor do seguro obrigatório.

8.4. Cálculo do Valor de Amortização

O valor de amortização pode ser estipulado no contrato social, em acordo escrito de sócios, e obviamente por acordo entre os sócios no momento da amortização, extinção, exoneração ou impossibilidade de exercício por motivo de saúde, ou com os herdeiros no caso de extinção por morte.

Na falta de acordo haverá que seguir o critério da lei, nomeadamente através do cálculo das importâncias referidas no artigo 13.º n.º 3 alíneas a) e b), sendo o valor das quotas de capital determinado por uma comissão arbitral, incluindo o valor de clientela que acompanhar a saída do sócio e a clientela que ficar, uma vez que no caso de extinção por morte e na falta de acordo, se remete para os números 4 a 6 do artigo 17.º, critério de amortização esse que se aplica também à exoneração, à exclusão e impossibilidade de exercício.

8.5. Rejeição da Forma Comercial

O regime subsidiário é o das sociedades civis (artigo 2.º).

Daí fundar-se a rejeição da natureza mercantilista das sociedades de advogados, sendo pacífico que a natureza do exercício da advocacia não é a prática de um acto de comércio.

Nos termos da lei comercial[17] definem-se como sociedades comerciais aquelas que tenham por objecto a prática de actos de comércio impondo-se que as sociedades com tal objecto devem adoptar um dos tipos previstos no Código das Sociedades Comerciais.

Não se deve concluir pelo não mercantilismo das sociedades comerciais pelo facto de as sociedades de advogados não serem do tipo das sociedades prevista naquele Código mas antes pela diferenciação dos actos, nomeadamente face ao estatuído na Lei dos Actos Próprios de Advogados e Solicitadores (Lei n.º 49/2004 de 24 de Agosto), e no Estatuto ao definir a Ordem como associação pública, com atribuição de defesa do Estados de direito, de direitos

---

[17] Artigo 1.º do Código das Sociedades Comerciais.

específicos e de colaboração na administração da justiça, obviamente através de advogados, bem como pelo cotejo de todos os preceitos relativos à deontologia profissional que constituem entrave à qualificação dos actos próprios dos advogados como actos de comércio.[18]

8.6. Institucionalização

Quanto às questões relativas à institucionalização salientam-se os dois pontos de defesa de continuidade,

- manutenção dos nomes dos sócios usados por mais de 20 anos, (artigo 10.º n.º 1);
- planos de carreira (artigo 62.º).

Ainda é cedo para se avaliar o impacto destas disposições na institucionalização das sociedades de advogados, sendo certo que ma maioria delas e nas mais antigas há ainda sócios fundadores em plena actividade.

Em finais de 1980 e no final do primeiro ano em que vigorou o primeiro diploma que permitiu o exercício da advocacia através de sociedades, encontravam-se 2 sociedades registadas.

Em finais de 2004, no mês de entrada em vigor da actual Lei existiam 860 sociedades registadas.

Em finais de 2009, vinte e nove anos depois da publicação do primeiro diploma legal que as permitiu e cinco anos depois do segundo que temos vindo a examinar, encontravam-se registadas 1276 sociedades de advogados, agrupando milhares de advogados entre sócios, associados e estagiários.[19]

Não há assim retrocesso na escolha e na preferência, podendo-se falar seguramente na institucionalização da estrutura.

---

[18] Recorde-se a controversa definição de actos de comércio no artigo 2.º do Código Comercial que os define como os actos contemplados no Código, bem como todos os contratos e obrigações dos comerciantes que não forem de natureza exclusivamente civil, se o contrário do próprio acto não resultar.

[19] Informação dos serviços de registo da Ordem dos Advogados.

E poder-se-á falar também na institucionalização de cada sociedade com a possibilidade de manutenção do nome, aglutinador de imagem e marca de muitos anos de prática consolidada.

Por outro lado, os planos de carreira podem consolidar a institucionalização.

Se a lei deixa inteiramente às sociedades de advogados o conteúdo desses planos e o asseguramento da continuidade e da carreira, é pelo menos dada ao novo estagiário ou associado a perspectiva, nas sociedades a que se candidata, da existência ou não de oportunidades dessa continuidade.

8.7. Outras disposições

Referem-se finalmente, outros dispositivos da lei que permitem e regulam a fusão, a cisão, a dissolução e permitem formas de associações de sociedades de advogados através de consórcios, ACE's e AEIE's.

8.8. Fiscalidade

Uma última nota sobre o tema da fiscalidade contemplado em diploma à parte e no artigo 6.º do CIRC.[20]

As sociedades de advogados como sociedades profissionais estão sujeitas ao regime da transparência fiscal com as conhecidas vantagens e inconvenientes que cada sociedade avalia. É contudo um regime distorcido e discriminatório.

Por um lado através da imputação de lucros contabilísticos e técnicos, o sócio pode ser confrontado com a obrigação de pagamento de impostos sobre montantes que não recebeu.

Por outro lado não têm os sócios a possibilidade de escolher entre o regime geral do IRC e o regime de transparência como podem fazer outros profissionais.

---

[20] Artigo 6.º do CIRC.

Efectivamente, quanto a este segundo ponto, os advogados não podem escolher entre o exercício de advocacia através das sociedades de advogados e outras com outra forma e submetidas ao regime geral do IRC, o que acontece a muitos outros profissionais liberais (arquitectos, médicos, engenheiros, etc.).

Haverá que promover a eliminação desta discriminação, obtendo a modificação da disposição do Código de IRC atrás citada.[21]

---

[21] O Instituto das Sociedades de Advogados ultimou em Maio de 2004 um projecto de alteração dos artigos 6.º e 40.º do CIRC que sugeria a seguinte redacção:

"Os artigos do 6.º, 40.º e ... do Código do Imposto sobre o Rendimento das Pessoa Colectivas, aprovado pelo Decreto-Lei n.º 442-B/88, de 30 de Novembro, passam a ter a seguinte redacção:

Artigo 6.º

1. É imputada aos sócios, integrando-se, nos termos da legislação que for aplicável, no seu rendimento tributável para efeitos de IRS ou IRC, consoante o caso, a matéria colectável, determinada nos termos deste Código, das sociedades a seguir indicadas, com sede ou direcção efectiva em território português, ainda que não tenha havido distribuição de lucros, *sem prejuízo do disposto nos números 5 e 6*:

5. *As sociedades de profissionais a que se refere a alínea a) do número 4, poderão optar pelo regime geral de tributação aplicável às entidades que exerçam, a título principal, uma actividade comercial, industrial ou agrícola.*

6. *O período mínimo de permanência no regime de tributação a que se referem os n.ºˢ 1 e 5 é de três anos, prorrogável automaticamente por iguais períodos, excepto se o sujeito passivo manifestar intenção contrária, pela forma e prazos previstos na alínea b) do n.º 7 do artigo 53.º.*

Artigo 40.º

13. São, ainda, considerados custos ou perdas do exercício das sociedades das profissionais que optem, nos termos do número 5 do artigo 6.º, pelo regime geral de tributação aplicável às entidades que exerçam, a título principal, uma actividade comercial, industrial ou agrícola, até ao limite de ...%, as despesas suportadas com contratos de seguros de doença e de acidentes pessoais, bem como com contratos de seguros de vida, contribuições para fundos de pensões e equiparáveis ou para quaisquer regimes de segurança social, que garantam, exclusivamente, o benefício de reforma, pré-reforma, complemento de reforma, invalidez ou sobrevivência, a favor dos sócios ou dos demais profissionais que exerçam, exclusivamente na respectiva sociedade, a sua actividade profissional, nas condições previstas no número 4, com as devidas adaptações.»

B. AS SOCIEDADES DE ADVOGADOS FAMILIARES E A SUA EVOLUÇÃO

Miguel Cancella d'Abreu[*]
Rui Souto[**]

«FALAR E ESCREVER / Diz-me Um cliente: Vejo no Diário de Notícias o seguinte anúncio: Cancella de Mattos Abreu, Advogados. Será isto português correcto? Ou deveria dizer-se: Cancellas de Mattos Abreus? / Quem diz os advogados Cancela, fala um pouco à francesa, por que os Franceses, em regra não pluralizam os apelidos, e dizem os Goncourt, os Balzac, os Maurauritte, etc. / Em português o processo é outro: tem-se dito e há de dizer-se sempre: os Albuquerques, os Castros, os Almeidas, como dizemos as manas Silvas e as meninas Soisas. / Os Albuquerque e as meninas Soisa não fazem sentido, em terra de lusos. / Portanto, os advogados Cancelas, que por sinal são dois belos e excelentes rapazes, já a esta hora terão mandado corrigir o tal anúncio, para que se leia – Cancelas de Matos Abreu, Advogados. / Abreus, não, senhor. Só se este fosse o primeiro apelido: Abreus, advogados. De Matos Abreu é locução prepositiva, e as preposições não têm plural. / Plural deve ter Um cliente; e, quando os Cancelas

---

[*] Cancella d'Abreu. Esteves & Associados – Sociedade de Advogados RL
[**] Pedro Raposo & Associados – Sociedade de Advogados RL

tiverem muitos clientes, como merecem, já não serão precisos anúncios no singular nem no plural. / Assim seja. / CANDIDO DE FIGUEIREDO»[1] (Diário de Notícias de 26 de Julho de 1913).

1. Razão de Ordem

Muito se tem discutido, e com maior acuidade ainda nos últimos anos, em volta do fenómeno da globalização. As relações entre as pessoas, onde quer que elas estejam, processam-se de forma quase instantânea. Os fluxos de bens, capitais, tecnologias e serviços aumentam exponencialmente a cada dia que passa. Igualmente, e apesar de continuarem a existir fronteiras entre Estados, a importância destas enquanto obstáculo à comunicação e às relações económicas e empresariais (mas também pessoais) tem, de mais em mais, diminuído.

A Advocacia, por seu turno, não tem sido insensível a tais modificações, e tem vindo a acompanhar essa transformação global. Longe vão já os tempos em que o paradigma do exercício da profissão assentava no Advogado que, no seu escritório, sozinho trabalhava. Mas o mundo mudou. Sobre praticamente tudo se legisla e regulamenta. E depois altera-se passado pouco tempo. Novamente. E outra vez ainda. Mas só até à próxima alteração legislativa, que também não haverá de tardar muito.

De forma a acompanhar esse constante corrupio jurídico, o Advogado, enquanto ser profissional geneticamente solitário, passou a um ser forçosamente ou, em certos casos, forçadamente, social. A entreajuda e a necessidade constante de colaboração com outros causídicos, de forma a permitir corresponder às expectativas e múltiplas

---

[1] Cândido de Figueiredo, dicionarista de nomeada, foi autor de Novo Dicionário da Língua Portuguesa, redigido de acordo com modernos princípios da ciência da linguagem, e em que se contém mais do dobro de vocábulos até agora registados nos melhores Dicionários Portugueses, 5.ª Edição, Vol I – Livraria Bertrand, s.d.

solicitações dos seus clientes nas mais diversas áreas e assuntos, levou a que assistíssemos a um crescimento da importância de outras formas de exercício da profissão. Seja por via dos escritórios partilhados por diversos Advogados, seja por via das sociedades de Advogados.

A primeira vez que se discutiu institucionalmente o tema das sociedades de Advogados em Portugal foi no I Congresso Nacional dos Advogados, em Novembro de 1972, sendo relator o Pai de um dos autores deste artigo, João Paulo Cancella de Abreu[2] que apresentou na sessão de encerramento do Congresso, as seguintes conclusões:

> *"1. Torna-se cada vez mais necessária a existência, a par das formas tradicionais do exercício da advocacia, de sociedade civis de advogados para melhor corresponder ao actual condicionalismo da profissão.*
> *2. A lei vigente (art.ºs 980.º e segs do Código Civil) já permite a constituição e funcionamento de sociedade civis de advogados, que não encontrem qualquer obstáculo no Estatuto Judiciário ou na legislação fiscal.*
> *3. Será, no entanto, conveniente que tais sociedades sejam objecto de um Regulamento da Ordem dos Advogados que melhor garanta o respeito pelas suas características especiais de sociedades de pessoas sujeitas a regras deontológicas próprias que devem manter, em todas as circunstâncias, a sua independência, paridade e dignidade.*

---

[2] Cfr. João Paulo Cancella de Abreu, "As Sociedades Civis de Advogados", separata de O Direito, n.º 3, 1969, pág. 23: "A sociedade civil será, apenas, um instrumento para um mais eficiente exercício da profissão. Por trás dela, através dela, a figura do advogado deve até parecer engrandecida. Ao prestígio do seu nome poderá vir a aliar-se o prestígio da firma a que pertence. Firma que permanecerá no tempo, com o brilho que lhe for emprestado por sucessivas gerações de advogados que nela trabalharem. Trabalho que pôde multiplicar-se e aperfeiçoar-se porque realizado em equipa, com cada vez maior grau de eficiência e de especialização."

4. Para elaborar o projecto desse Regulamento, deve a Ordem nomear uma Comissão de que faça parte também um Solicitador. A essa Comissão recomenda-se que introduza, nesse projecto, normas estabelecendo a forma escrita para o pacto social e a sua aprovação e registo pela Ordem.
Deverão prever-se regras sobre a passagem de procurações aos advogados associados que não poderão patrocinar interesses opostos. Essa Comissão estudará a possibilidade de associação ou colaboração com solicitadores ou mesmo com economistas e outros técnicos. Deverá estabelecer-se a responsabilidade solidária e ilimitada dos sócios, ficando todos sujeitos às regras deontológicas e disciplinares da profissão, devendo resolver as suas divergências por arbitragem.
5. Nos pactos sociais, respeitadas as normas referidas, haverá plena liberdade de estipulação, podendo, no entanto, a referida Comissão sugerir cláusulas a aplicar supletivamente nos casos de cessão de partes sociais, no de cessação de actividade, liquidação e partilha e outros de maior dificuldade.
6. Enquanto não for colhida maior experiência, não se julga aconselhável promover a constituição de outros tipos de sociedades profissionais com personalidade jurídica e mais rigorosa regulamentação legal."[3]

Aparentemente, continuamos a discutir as mesmas questões colocadas há quase 40 anos,[4] mas não pode passar despercebido a um observador mais atento que o mercado de actuação das

---

[3] Cfr. Revista da Ordem de Advogados, 1972, Ano 32, Vol. II, págs. 444 e ss..

[4] Em 1972, estavam inscritos 2.705 advogados e 358 estagiários (cfr. Inquérito aos Advogados Portugueses, 2003-ROA). Actualmente o número é de cerca de 10 vezes mais, estando-se quase a atingir o fabuloso numero de 30.000 inscritos, entre advogados e advogados estagiários!!!

sociedades de Advogados, não é o mesmo que era há 10,15, 20 anos atrás, em resultado do surgimento de novas áreas de actividade, bem como em virtude de uma maior e cada vez mais aguerrida competição entre as sociedades de Advogados na disputa pelo mercado e respectiva clientela. Um dos indícios de tais alterações traduz-se na crescente profissionalização e "empresarialização" dessas sociedades. Com efeito, deixaram de ser, na sua grande maioria, um "negócio de família", em certos casos, ou de "amigos", noutros, para passarem a ser tidas e geridas como verdadeiras empresas. Algumas delas verdadeiras PMEs, compostas por centenas de Advogados, e outras com natureza verdadeiramente multi-nacional.[5]

Parece, de facto, ser um dado irrefutável que uma grande parte das sociedades de Advogados, mesmo as de maior dimensão, teve na sua génese uma base familiar ou laços de conhecimento pessoal, mas que, por força dos já referidos factores concorrenciais, começaram a adoptar a "governance" de estranhos, que, mais tarde, acabaram por assumir uma posição dominante no capital da sociedade ou por conseguir convencer os núcleos familiares a abrirem o capital a advogados mais competitivos. Contudo, algumas resistem e sobrevivem, por vontade própria, sob o controlo de Advogados com

---

[5] A título de curiosidade, veja-se que no Reino Unido, qualquer uma das sociedades que fazem parte do denominado "magic circle", tem um número de colaboradores próximo ou superior a 1000:
- a) Allen & Overy – 450 sócios e aproximadamente 5000 Advogados espalhados por escritórios em 31 cidades (fonte www.allenovery.com);
- b) Clifford Chance – Cerca de 3.600 Advogados divididos por escritórios em 29 diferentes países (fonte: www.cliffordchance.com);
- c) Freshfields Bruckhaus Dillinger – Com aproximadamente 2.700 Advogados em 27 cidades diferentes (www.freshfields.com)
- d) Linklaters: Com 26 escritórios em diversos lugares do mundo e cerca de 2.500 Advogados.
- e) Slaughter and May – Com praticamente 800 Advogados em 5 países diferentes (fonte: www.slaughterandmay.com)

laços familiares entre si ou, noutras situações, por ligações pessoais de amizade. É sobre as primeiras, isto é, sobre as sociedades de Advogados familiares que reside o objecto da presente reflexão.

2. Porque se agrupam familiares em Sociedades de Advogados?

Poderá haver algo no DNA humano que esteja na origem de uma certa tendência natural para um agrupamento ou sucessão familiar nas profissões, e em particular, nas actividades forenses? Será aquilo a que se chama "vocação"? Será algo de enquadrável num qualquer conceito de "genética empresarial"? Poderá ser também uma mera esperança de facilidades, de comodidades e segurança por adoptarem a mesma profissão de familiares? Poderá ser apenas uma manifestação do carácter eminentemente social do Homem, em constante aprendizagem e influenciado pelo meio familiar que o rodeia e forma a sua personalidade? Poderá igualmente ser apenas mimetismo no exercício de profissões forenses, ou fascínio pela teatralidade da oratória forense ou da sensação de se poder tornar mais um justiceiro neste mundo de injustiças flagrantes? Independentemente das razões que subjazem, sem dúvida de interessante análise no plano da Sociologia, Psicologia e Genética Humana, será um facto evidente que existe uma tendência natural para a sucessão familiar na Advocacia. São muitos e sobejamente conhecidos diversos exemplos.

Mais do que encontrar respostas, pensamos ser interessante lançar este conjunto de interrogações a reflexão, e ainda uma última: porque razão perduram os nomes dos fundadores nas denominações sociais das sociedades de advogados – prestadoras de serviços altamente personalizados – mesmo depois do falecimento dos fundadores e seus descendentes.

3. As dificuldades de crescimento e sobrevivência

Um problema essencial sobre o qual gostaríamos de chamar a atenção, resulta, não tanto das dificuldades de criação de uma sociedade de Advogados familiar, mas sobretudo na sua sobrevivência como entidade controlada por Advogados da mesma família.

Com efeito, não será difícil encontrar sociedades familiares de Advogados. Mesmo não existindo estudos estatísticos sobre o assunto, a sua existência, é um facto verificado em todo o mundo. O que será difícil, efectivamente, será antes encontrar sociedades familiares que apresentam alguma dimensão, ou que consigam sobreviver mais do que uma ou duas gerações no controle dos familiares.

Por regra, as questões relacionadas com o crescimento e sobrevivência das sociedades de Advogados familiares são semelhantes às que apresentam as empresas familiares em geral. Contudo, não deixam de ser caracterizadas por certos aspectos particulares que tornarão a "sucessão familiar" na sociedade de Advogados particularmente difícil em comparação com as empresas familiares em geral, as quais, ao inverso do que se passa com as sociedades de Advogados, continuam a ser predominantes no tecido empresarial.[6] E isto poderá ter diversas razões. Desde logo já atrás, "en passant", aludimos à noção de "vocação", palavra que tem a sua raiz etimológica no latim vocare e que significa "chamado". Todos nós somos

---

[6] As empresas familiares são a forma empresarial predominante nas economias de mercado actuais. O sucesso e a continuidade das empresas familiares são vitais para o desenvolvimento da economia e da sociedade. Gersick et al. (1998) mencionam que entre 65% e 80% das empresas a nível mundial são familiares, desde as mais pequenas às mundialmente conhecidas como é o caso da Wal-Mart e da Fidelity Investments. Das 500 maiores empresas listadas pela Fortune cerca de 40% são detidas ou controladas por famílias." (João Carvalho das Neves in "A sucessão na Empresa Familiar: A estrutura de governo e o controlo do capital, Universidade dos Açores, 2001).

chamados, de uma forma ou de outra, a fazer algo a alguma coisa. Não obstante, nada garante à partida que mesmo crescendo-se numa "família de Advogados", seja a vontade e competência para a Advocacia transmitida aos familiares. Tal vocação poderá, pura e simplesmente, não existir.

E mesmo existindo vocação, no sentido que acabámos de a definir, outra barreira se atravessa no caminho daqueles que gostariam de, num momento futuro, assumir a mesma profissão de um seu familiar. Trata-se de uma barreira importante, que se prende com a necessidade de formação académica e específica para se ser Advogado, o que não sucede na grande maioria dos "negócios, empresas ou profissões de família". Haverá que cumprir o ensino universitário em Direito e, posteriormente, o estágio na Advocacia. São várias etapas, e longo o caminho em termos temporais. Nem todos têm especial apetência para o percorrer e chegar ao seu destino final. Será, pois, preciso perseverança e capacidade de sacrifício.

Não poderemos, também, deixar de sublinhar que a Advocacia é uma actividade tradicionalmente muito personalizada, em que as características de liderança, competência do Advogado, e, por outro lado, os laços de confiança mutuamente estabelecidos são da maior importância. Nem sempre existem garantias que os "descendentes" (directos ou não) dos sócios fundadores que passam a constituir ou controlar a vida e rumos da sociedade no futuro possam assegurar a continuidade dessas estruturas profissionais familiares.

Mas para além destes três factores, essencialmente endógenos aos Advogados em si mesmo (vocação para a liderança, exigência de formação académica específica e credibilidade), outras dificuldades encontramos no plano do crescimento e no de sobrevivência deste tipo de sociedades, e que se apresentam já no plano exógeno da estrutura nuclear familiar. Desde logo, poderá existir uma questão de motivação e manutenção dos Advogados colaboradores, face à intenção de manter o rumo da sociedade "nas mãos dos familiares". Faz parte da natureza profissional dos Advogados o seu carácter adversarial, vivendo-se dentro das sociedades de Advogados uma certa luta pelo poder que acaba por em muitos casos ser a primeira imagem que lhes é associada. Isto sucede, inevitavelmente, com a grande maioria dos Colegas, nos diversos planos do relacionamento com "o outro" que com "ele" concorre. A simples vontade de lutar pelo poder e de ter maior razão numa pequena discussão sobre factos triviais, ou a vontade de lutar para tentar sempre chegar mais longe e "fazer mais e diferente" na actividade profissional, poderá, em muitos, criar uma vontade de construção de uma carreira própria, fora da sociedade com a qual colabora.

Poderá, pois, tornar-se particularmente difícil, numa sociedade de Advogados familiar motivar e manter os colaboradores interessados, em face de tal característica. E isto vislumbra-se como um problema efectivo, na medida em que os Advogados são o "activo" principal da sociedade.[7] Dificuldade esta que toma dimensões ainda maiores quando nos encontramos perante uma sociedade familiar no verdadeiro sentido da palavra, isto é, numa sociedade controlada (por maioria, ou mesmo na totalidade) por Advogados da mesma família. Nestas, em particular, muitos dos Advogados Associados, querendo ter um maior papel de destaque e voz na organização da entidade com que colaboram, saberão que tal objectivo será, em face da natureza específica da sociedade, meta impossível de atingir. Daí que muitos acabem, em determinada maturidade da sua vida profissional, por partir para outros voos que poderão ser-lhes mais vantajosos, mas que nem sempre o são para a sociedade familiar, que corre o risco, face à perda, de baixar a produtividade dos serviços que presta.

Outra barreira à sobrevivência para este género de sociedades prende-se com as características do mercado da Advocacia, que se encontra, no presente, demasiado saturado[8]. A constante e crescente

---

[7] Sem prejuízo de se poder defender que o "activo" de um escritório será a Clientela, sendo o colaborador o "capital alheio"

[8] O número de sociedades de advogados inscritas na Ordem do Advogados Portugueses já ultrapassou os 1250, sendo certo que apenas cerca de 1000 sociedades podem considerar-se activas, o que não deixa de ser um número que dá que pensar face à dimensão do país e do mercado.

competição entre escritórios (qualquer que seja a sua dimensão) com vista a conquistar uma maior cada vez maior quota de mercado, bem como a grande oferta existente, criaram factores de extrema inconstância na fidelização dos clientes aos escritórios, por razões que se prenderam com "amizades de família e/ou de longa data". Haverá excepções, obviamente, dada a personalidade de determinados clientes, que considerem tal ligação (isto é, o facto da sociedade de Advogados ser, desde há décadas e na sequência de anteriores gerações de Advogados da mesma família, o escritório que o acompanha) um factor essencial à escolha de determinado Advogado, e manutenção da respectiva ligação profissional. A este assunto voltaremos mais à frente.

Por outro lado, a saturação e respectiva rendibilidade, tem um outro efeito problemático sobre a longevidade das sociedades familiares. Há uma concorrência muito significativa, nem sempre linear, entre carreiras profissionais nas sociedades de Advogados em geral.

Aliás, a crescente vertente empresarial na forma de gerir e conduzir a actividade das sociedades de Advogados, na procura de uma maior eficiência na resposta ao cliente, bem como a crescente especialização da profissão, tem dificultado sobremaneira a sobrevivência das pequenas e médias sociedades, o que uma sociedade de Advogados verdadeiramente familiar, dificilmente deixará de o ser.

4. Exemplos de Longevidade

Não obstante o que acabámos de expor, reconheça-se que existem alguns exemplos de sociedades com raízes/tradições familiares, de entre as sociedades de Advogados de maior dimensão. Contudo, olhando para as listas das maiores sociedades de Advogados do Mundo, seja em termos de "revenues" e/ou número de colaboradores, editadas por várias publicações da especialidade ("The Lawyer", "American Lawyer", "Chambers and Partners" e "Legal 500", etc.), não encontramos nenhuma sociedade de Advogados puramente familiar (isto é, composta apenas por sócios familiares). Igualmente, dessas listas, são uma pequeníssima minoria as sociedades que ainda têm como sócios, familiares dos sócios originais ou que têm raízes ou tradições históricas familiares. Ainda assim, podemos avançar com alguns exemplos a título de curiosidade.

A Baker & Mckenzie, sociedade de Advogados norte-americana (ainda que tenha assumido há muito vocação internacional), teve a sua origem no escritório aberto por Russel Baker em 1925, após terminar a licenciatura na University of Chicago School of Law. Apesar da sociedade ter uma outra firma no início da sua vida (Baker & Simpson) veio a alterar a sua denominação para a que mantém ainda hoje – Baker & Mckenzie – em 1949. Curiosamente, a sociedade inicia a sua expansão internacional em 1955, após a mudança de Donald Baker, filho de Russel Baker, com o objectivo de tomar em mão a abertura do primeiro escritório fora dos Estados Unidos da América, em Caracas, na Venezuela[9].

No Reino Unido a Bird & Bird LLP tem na sua génese a sociedade inglesa fundada, em 1852, por William F. Bird e James Moore, que adopta a denominação Bird & Moore. No ano de 1884, William Bird falece com a idade de 74 anos, sendo o seu papel assumido pelo seu filho, William Montford Bird, que mantém a sobrevivência familiar da sociedade. Em 1909 a sociedade altera a sua denominação para Bird & Bird, sob a liderança de William Monford Bird e do seu primo Ernest Edward Bird.[10]

Igualmente com forte tradição histórica familiar, apresenta-se a Taylor Wessing LLP[11], cuja origem remonta ao ano de 1782, então enquanto simples escritório dirigido por Thomas Smith, tendo sido ao longo do seu tempo, dirigida por alguns membros da família do seu fundador (e ainda que tal já não suceda actualmente, optou por manter o respectivo nome Taylor após a sua fusão com a socie-

---

[9] Uma história resumida da sociedade poderá ser consultada em www.bakernet.com
[10] Fonte: www.twobirds.com
[11] Fonte: www.taylorwessing.com

dade alemã Wessing, em 2002). A terminar o nosso percurso por terras britânicas, podemos ainda citar o exemplo da Charles Russell LLP[12]. Esta sociedade foi fundada em Inglaterra no ano de 1891 por Charles Russell. Em 1920, o seu sobrinho, Gerald Russel juntou-se à sociedade. Hoje mantém a sua ligação familiar com o fundador, através do sócio Patrick Russel (neto de Gerald Russell).

Na vizinha Espanha, um exemplo paradigmático é a J&A Garrigues, fundada em 1941, pelos irmãos Joaquín e Antonio Garrigues Días-Cañabate, que actualmente tem ainda como sócio António Garrigues, filho de um dos sócios originais da sociedade[13].

Em Portugal não existem registos ou estatísticas sobre as sociedades familiares de advocacia, pelo que, para evitar imprecisões ou injustiças, apenas falaremos da sociedade familiar de advogados que melhor conhecemos: a sociedade Cancella d'Abreu, Esteves & Associados – Sociedade de Advogados RL., registada desde 1987,[14] mas com origem num escritório familiar centenário.

A sua origem, como "sociedade irregular" de advocacia remonta ao ano de 1910, altura em que os irmãos Armando e Paulo Cancella de Mattos Abreu se instalam no escritório em Lisboa da Rua de S. Julião, 109. Apesar de serem filhos de um conhecido magistrado, Abel de Mattos e Abreu[15-16], viram-se forçados a anunciar no "Diário

---

[12] Fonte: www.charlesrussell.co.uk

[13] Fonte: www.garrigues.com

[14] Registada no Conselho Geral da Ordem dos Advogados sob o número 6/87 sendo sócios de capital os seguintes: Miguel de Castro Cancella de Abreu, Maria Teresa Teixeira Esteves Cancella de Abreu, António Ahrens Teixeira Esteves e Filipe Faro Viana Cancella de Abreu. Encontra-se registada ainda a quota de indústria de Clara Moreira Campos que já era sócia de indústria da Sociedade de Advogados J.P. & M. Cancella de Abreu e Associados.

[15] Abel de Mattos Abreu (1849-1931) "Juiz do Tribunal do Comércio de Lisboa deu origem à "momentosa" questão das "pequenas dívidas", com enorme eco na imprensa, quando nega, a 4 e 10 de Julho de 1907, força de lei a um decreto de João Franco, promulgado que fora em ditadura. A reacção de João Franco é imediata: um novo decreto ditatorial, logo a 11 de Julho, fez subir directamente ao Supremo Tribunal de Justiça todos os processos em que os

de Noticias" a existência do seu escritório em Lisboa o que causou o jocoso comentário de Cândido de Figueiredo que se transcreve na abertura deste artigo.

Armando Cancella de (Mattos) Abreu acabou por abandonar a advocacia para se dedicar, a partir de 1913, ao serviço público, como Alto Funcionário do Ministério da Justiça, passando, após vários anos de carreira dirigente, para o Ministério Público, chegando mesmo a desempenhar as funções de Procurador-Geral da Republica interino, antes de se reformar como juiz-conselheiro do Tribunal de Contas. Deixou o seu nome associado à revista "O Direito" da qual foi, com o irmão Paulo e com Marcello Caetano, co-proprietário e membro do conselho de redacção. Paulo Cancella de (Mattos) Abreu continuou o seu escritório de advocacia, em associação a partir de 1920, na Rua Nova do Almada, 64, 2.º em Lisboa, com Artur Morais de Carvalho[17] que foi o 10.º Bastonário da Ordem dos Advogados no triénio 1948-1950.

---

decretos promulgados em ditadura não sejam acatados e, como Abel de Mattos Abreu, indiferente às novas disposições, continuou a negar força de lei a esses decretos (João Franco) "promove-o" apressadamente para a Relação dos Açores, numa forma de se ver livre das suas imutáveis decisões"… "Três anos mais tarde, logo em Dezembro de 1910, então desembargador no Tribunal da Relação de Lisboa, Abel Mattos e Abreu (e mais dois desembargadores) despronuncia aquele mesmo João Franco no processo que o Visconde de Ribeira Brava lhe moveu, por abusos de poder no tempo daquela ditadura. E Afonso Costa, furibundo, transfere-o de imediato para o Tribunal da Relação de Nova Goa !!!
– Cfr. José de Araújo Coutinho, "Abel de Mattos Abreu", Notas para Lembrança, separata de "Aqua Nativa" Junho, 2004

[16] "No quadro de honra e de independência da magistratura portuguesa inscreveu-se, durante a ditadura de João Franco, como após a implantação da República, o nome de magistrado Abel de Mattos e Abreu por motivos que importa recordar." – Cfr., assim, Luís Bigotte Chorão, "A Crise da República e a Ditadura Militar, Sextante, Editora, Dezembro 2009, págs. 380-387.

[17] Cfr. João Paulo Cancella de Abreu. "Elogio Histórico do Bastonário Artur de Morais Carvalho" Separata da Revista da Ordem dos Advogados, Ano 23, 1963.

Artur Morais de Carvalho (1888-1960) e Paulo Cancella de Abreu (1885-1974) foram ambos deputados monárquicos[18] mas nunca abandonaram a advocacia e estiveram ambos ligados à fundação da Ordem dos Advogados. De facto, integraram a Direcção da Associação de Advogados de Lisboa, com Vicente Monteiro (1.º Bastonário da Ordem dos Advogados Portugueses) e Domingos Pinto Coelho (4.º Bastonário da Ordem de Advogados 1936-1937), colaborando activamente na transformação da Associação dos Advogados de Lisboa,[19] em Ordem dos Advogados Portugueses, por Decreto n.º 11715 com força de Lei de 12 de Julho de 1926. A partir de 1944, o filho de Paulo Cancella de Abreu, João Paulo Neves Ferreira Cancella de Abreu, (1920-1996)[20] junta-se ao

---

[18] Cfr. Dicionário Biográfico Parlamentar 1935-1974, Vol. I, pag. 94

[19] A Associação dos Advogados viu os seus Estatutos aprovados por Portaria de 23 de Março de 1838

[20] "O Direito sofreu rude golpe com o desaparecimento de João Paulo Cancella de Abreu, a ele ligado praticamente desde que se licenciara na Faculdade de Direito de Lisboa, tendo exercido durante largos anos, pelo menos de facto, as fruições de administrador da revista e tendo passado a fazer parte do seu conselho de redacção em 1987.

A sua vinculação a O Direito tinha, antes de mais, uma razão de ordem familiar, pois a Família Cancella de Abreu, estreitamente relacionada com José Luciano de Castro, um dos fundadores e o primeiro director da revista, fora por este chamada a associar-se-lhe em 1912. Luciano de Castro, já de provecta idade e alquebrado pela doença (veio a falecer dois anos depois), necessitava de quem o auxiliasse nos trabalhos de O Direito, e para isso rodeou-se de elementos novos, entre eles Armando e Paulo Cancella de Abreu, respectivamente tio e pai de João Paulo, o primeiro juiz e o segundo advogado. Quando, em 1987, a revista entrou na nova fase em que se encontra e em que continua, persistentemente, a percorrer a longa caminhada, bastante mais que centenária, iniciada em 1868, considerou-se de elementar justiça chamar para o conselho de redacção João Paulo, cujos pai e tio haviam entretanto falecido, e que à revista prestara importantes serviços, como continuou a prestá-los depois, tendo-lhe dado valiosa colaboração.

João Paulo foi, como seu pai, um distintíssimo advogado.

O Direito curva-se, comovidamente perante a sua memória e apresenta à família do ilustre extinto as mais sentidas condolências." Cfr. "O Direito" Ano 128 1996, pag. 5)

escritório de seu Pai na Rua Nova do Almada. João Paulo Cancella de Abreu ocupou vários cargos Directivos da Ordem dos Advogados desde 1957, nomeadamente no Conselho Distrital de Lisboa (57-66), Conselho Geral (72-76) e Conselho Superior (68-71 e 81-86) da Ordem dos Advogados Portugueses de que foi vice-presidente, tendo sido em diversas ocasiões convidado a apresentar candidatura a Bastonário.

Com João Paulo Cancella de Abreu trabalharam, desde 1970, o seu primo segundo, que é o neto mais velho de Armando Cancella de Mattos e Abreu, Lopo Roque de Pinho Cancella de Abreu, actualmente sócio RPA – Rui Pena, Arnaut & Associados, Sociedade de Advogados, RL.[21-22] Em 1973, depois da inauguração do Palácio da Justiça, o "escritório" foi transferido para a Rua Rodrigo da Fonseca 149, 4.º Dt.º, em Lisboa, que se mantém actualmente como sede da sociedade Cancella d'Abreu, Esteves & Associados, Sociedade de Advogados, RL.

A partir de 1975, o seu cunhado Mário Ângelo Morais de Oliveira[23], casado com sua irmã Maria José Neves Ferreira Cancella de Abreu (filha mais velha de Paulo Cancella de Abreu) e o filho de ambos, Nuno Cancella de Abreu Morais de Oliveira, juntaram-se no escritório, exercendo advocacia até ao final das suas vidas.

Miguel Cancella de Abreu, 4.º neto de Paulo Cancella de Abreu e 3.º filho de João Paulo, logo que ingressado na Ordem de Advogados, em 1982, incorporou-se no "escritório" familiar. Em 1990, constitui-se a sociedade de advogados J.P. e M.Cancella de Abreu

---

[21] Cfr. RPA – Rui Pena, Arnaut & Associados – Sociedade de Advogados RL www.rpa.pt

[22] Rui Pena, que foi estagiário de João Paulo Cancella de Abreu, com este partilhou o escritório até 1982, quando fundou a Pena, Machete e Associados, Sociedade de Advogados, da qual foi, também, sócio, o referido Lopo Roque de Pinho Cancella de Abreu. Da actual Rui Pena, Arnaut e Associados é associado principal Duarte Cancella de Abreu Lebre de Freitas, bisneto de Armando Cancella de Matos e Abreu.

[23] Dicionário Biográfico Parlamentar 1935-1974, Vol II, pag. 275-276

& Associados que se dissolveu em 1998, por falecimento de João Paulo Neves Ferreira Cancella de Abreu. Nesse mesmo ano, Miguel Cancella de Abreu integra a sociedade de Advogados de seu sogro e de sua mulher," Sociedade de Advogados A. Esteves e T.T. Esteves" alteram a designação para Sociedade de Advogados Cancella d' Abreu, Esteves e Associados. Em 2007 Miguel Cancella de Abreu, convida o sobrinho Filipe Faro Viana Cancella de Abreu, neto mais velho de João Paulo Cancella de Abreu, licenciado pela Faculdade de Direito de Coimbra em 2003 que permanece ainda como o sócio mais novo da sociedade Cancella D' Abreu, Esteves & Associados – Sociedade de Advogados RL.[24]

5. Vantagens das Sociedades de Advogados familiares

Apesar das dificuldades, já por nós realçadas, com que se confrontam as sociedades de Advogados de matriz familiar, no sentido de se garantirem, e manterem no tempo a direcção dos seus destinos nas mãos dos familiares, cumpre assinalar que existem diversas razões que poderão ser apontadas em defesa da adopção de outras formas de gestão profissional societária, mantendo embora o cariz familiar dos sócios de capital.

Desde logo, e em primeiro lugar, parece ser ponto comum nas sociedades a vantagem de oferecerem uma confiança reforçada e cimentada por uma estrutura coesa e, por outro lado, a tranquilidade que apresenta ao cliente o facto de terem uma cultura estável. Isto

---

[24] Vários outros Colegas passaram pelo escritório e acompanharam os últimos anos da vida de João Paulo Cancella de Abreu, tais como Luís Bigotte Chorão que se doutorou pela Universidade de Coimbra, Leonor Chastre, advogada especialista em propriedade intelectual e Pedro Raposo que é o actual Presidente do Conselho de Deontologia da Ordem dos Advogados, só para citar os últimos que deixaram testemunhos da capacidade invulgar de trabalho de João Paulo Cancella de Abreu, sobretudo como consultor ùnico de municípios como o de Oeiras, durante mais de 30 anos.

é algo de praticamente inato e instintivo à personalidade humana: é muito mais fácil para alguém (neste caso para o cliente, potencial ou efectivo) confiar e respeitar numa estrutura ou instituição que aparente alguma longevidade, tradição de transmissão familiar (independentemente da dimensão da estrutura ou instituição em questão) e estabilidade.

Em segundo lugar, é também característico das Sociedades Familiares de advogados que estas estejam especialmente vocacionadas para a consultadoria extrajudicial no domínio do direito de família em geral, e igualmente no domínio dos respectivos negócios (familiares), nomeadamente no que concerne à sucessão. Isto para além de poder existir uma particular confiança que acaba por equiparar o Advogado a um ideal conselheiro familiar que priva com o cliente e sua família e que acaba por acompanhar assuntos não estritamente jurídicos. Sem dúvida que o aspecto emocional é, aqui, muito importante. Costuma verificar-se igualmente, apesar da concorrência desenfreada, uma tendência para se "herdar" alguma Clientela mais tradicional.

Mas esta vocação para conhecer e "sentir" os problemas dos seus clientes, também comporta, para estes, importantes benefícios: é que existe uma real e natural tendência destas sociedades de Advogados recomendarem fortemente aos seus Clientes fórmulas de resolução de conflitos para além dos Tribunais, tribunais esses que, muita vezes, são um risco desnecessário para os Clientes e que causam embaraços aos escritórios mais pequenos. Aliás, este aspecto, em termos profissionais e deontológicos, tem uma particular magnitude se levarmos em linha de conta o extraordinário papel (e verdadeira obrigação) social que a Advocacia desempenha na resolução de litígios de forma amigável, procurando evitar o recurso aos meios judiciais, evitando dessa forma os elevados custos que o acesso aos Tribunais comporta não só para as partes, como ainda para o próprio Estado.

É, pois, frequente contar com um Advogado destas Sociedade de Advogados para agir como conciliador, mediador de conflitos e árbitro em questões familiares, mas também nas relações com negócios e parcerias externas. A clara razão destas Sociedades continuarem a ser procuradas apesar da sua relativamente reduzida dimensão e quantidade tem precisamente a ver com a disponibilidade e apetência que demonstram na prevenção dos conflitos atendendo ao conhecimento profundo que ganham do Cliente e seus colaboradores. Tanto assim, que não é raro que os Advogados deste tipo de sociedades sejam solicitados pelos seus clientes também para integrar órgãos sociais de empresas de que estes façam parte, na esperança de que os alertas ocultos cheguem em primeira mão ao accionista que os propôs para o exercício de tais funções. Dirimem-se, pois, muitos conflitos entre sócios de empresas dentro (nas paredes que não são chinesas) desses escritórios familiares de advogados.

Independentemente das barreiras que têm de transpor é, assim, um facto indesmentível que sem prejuízo da sua, na maioria dos casos, pequena ou média dimensão, as Sociedades de Advogados familiares continuam a ser solicitadas.

As características geralmente mais reconhecidas pelos clientes dessas sociedades de base familiar parecem-nos ser a ligação pessoal, (ii) a confiança, (iii) a discrição, (iv) a fidelidade e, (v) sobretudo a ausência de conflito de interesses. O tratamento altamente personalizado cria facilmente relações fortes de confiança e confidencialidade com os interlocutores principais do cliente não havendo manuseamento dos dossiers por colaboradores desconhecidos dos Clientes com quem poderão ter incompatibilidades de interesses.

A confidencialidade é nestas sociedades bem mais fácil de assegurar por estamos normalmente entre Advogados que se conhecem de longa data, que são familiares, e que não agem, por regra, numa lógica concorrencial interna. Grandes operações germinam e concluem-se em pequenos escritórios de base familiar, pois o segredo continua a ser a alma de muito negócio. E bem se sabe da importância do sigilo profissional e da confiança do cliente no Advogado são enquanto alicerces de uma boa relação profissional e para o desempenho de um sempre pretendido bom patrocínio por parte do causídico em questão. A profundidade do conhecimento do Cliente permite ao Advogado trabalhar preventivamente em relação aos conflitos que o Cliente pode encontrar e conciliá-lo com autonomia muito para além do mandato geral de Advogado.

6. Qual o futuro das Sociedades de Advogados familiares?

A nossa presente reflexão iniciou-se com um pequeno olhar (ainda que muito geral) sobre o que tem sido a evolução do mercado da Advocacia e, em particular, das Sociedades de Advogados, bem como sobre as actuais características do mercado. Parece-nos, pois, que não haverá melhor forma de terminar a reflexão empreendida, do que olhando para aquilo que poderá ser o futuro das Sociedades de Advogados familiares. Não deixará de ser este um pequeno exercício de futurologia, com as dificuldades que isso sempre apresenta. O futuro e o mercado, por si, indicarão o caminho e dir-nos-ão se algumas das nossas ideias eram, afinal, pertinentes.

Ao contrário do que muitos fazem, não partilhamos uma visão pessimista ou demasiado negra do futuro da Advocacia. Tudo na História sempre esteve em mudança. Sempre foi assim e sempre o será. Não há, pois, que fugir ou tentar escapar à constante mudança. Uma das chaves para ganhar será sempre a capacidade de adaptação. E esta regra aplica-se a qualquer tipo de organização da actividade profissional. Seja quanto aos Advogados em prática isolada, seja às pequenas e médias Sociedades de Advogados, seja às grandes Sociedades. E dimensão não é, necessariamente, sinónimo de sucesso, sendo vários os casos conhecidos de grandes sociedades de Advogados que acabaram por implodir debaixo do seu peso demasiado grande, cindindo-se em sociedades mais pequenas. O futuro do mercado, não deixará de apresentar-se, em nossa opinião estratificado em 3 grandes sectores: os escritórios tradicionais, as pequenas e médias organizações de Advogados (no qual englobamos os escritório formados por Advogados e as pequenas e médias sociedades de Advogados) e, finalmente, as grandes sociedades de Advogados. Aliás, conforme já sucede no presente. Não houve um fim da Advocacia tradicional, com o surgimento em Portugal das grandes sociedades, nem tal se perspectiva. A tendência poderá ser, até, de assistirmos a um recrudescimento da importância dos pequenos e médios escritórios, em determinadas áreas de clientela que apreciam uma maior proximidade e acompanhamento pessoal dos assuntos[25].

Enquanto pequenas ou médias sociedades, em particular, nos casos em que as sociedades são compostas apenas por pessoas da mesma família, uma das formas de garantir a sua permanência em actividade, parece-nos, terá de passar pela sua abertura a sócios que não sejam, entre si, familiares (ou integração com outros escritórios/
/sociedades), detentores de novas especializações e que venham trazer uma maior dinâmica. Isto aparenta ser algo de inevitável, e a única forma de ultrapassar as dificuldades de longevidade que uma estrutura fechada pode apresentar, sobretudo no campo da Advocacia, como atrás apontámos. Deverão, contudo, ser sempre ponderados, por quem toma tal decisão, os efectivos riscos de perda de controlo dos destinos da sociedade sempre que tal integração alterar aquilo que é o seu nicho de mercado específico, sob pena de deixar de ser uma sociedade familiar com as características e também vantagens que já foram descritas, para passar a ser apenas "mais uma entre outras muitas".

Mas outros desafios aliciantes se apresentam ao futuro das sociedades familiares de Advogados. E que dizem respeito ao mercado propriamente dito. É que, na realidade, exigem-se hoje respostas em operações e assuntos que são incompatíveis com a permanente reconstituição de equipas que corresponde ao dia a dia das grandes sociedades de Advogados. Assim, e ao lado do mercado alvo das grandes sociedades de Advogados, as chamadas "full service firms",

---

[25] Não deixará de ser interessante efectuar-se um certo paralelismo com a dicotomia comércio tradicional – grandes superfícies, em que assistimos, no presente a um certo regresso, pela parte de muitos consumidores, cansados da oferta massificada e impessoal (quer em termos de atendimento, quer em termos de produtos oferecidos) que pulula nas grandes superfícies, a áreas comerciais de muito menor dimensão, e que oferecem outros tipos produtos.

algumas delas verdadeiros "*hipermercados*" de serviços jurídicos[26], caminhamos para o aparecimento de franjas de mercado controladas por sociedades "*boutique*", especializadas em certas áreas do Direito e que fundam ainda os seus serviços num atendimento personalizado ao cliente, e que poderão ser contratadas ou contratantes de outros escritórios segundo as suas especialidades e questões que lhes são colocadas pelos clientes.

As Sociedades Familiares de Advogados estão a nosso ver especialmente bem posicionadas para escolher em "outsourcing" e coordenar várias equipas de colaboradores de outros escritórios, garantindo, mesmo assim, aquelas que são as características que os Clientes mais apreciam nelas: ligação pessoal, confiança, discrição, fidelidade e ausência de conflito de interesses. A sua posição perante o Cliente e o mercado, bem como a capacidade de distribuição e controlo do trabalho final permite impor rotinas de cumprimento ético-funcional a esses subcontratados a níveis superiores do das próprias estruturas a que pertencem.

O futuro não é, pois, nem terá de ser, para estas organizações necessariamente trágico. Apenas o será para quem não souber adaptar-se e não souber valorizar o que tem de melhor para oferecer ao seu cliente (para além da característica, obviamente principal, da competência do Advogado). E o que uma sociedade de Advogados de raíz familiar tem de melhor para dar acaba por ser o que atrás já levámos em conta como sendo aquilo que as torna uma realidade particular perante outras formas de exercício da Advocacia: (ii) a confiança que uma estrutura coesa e estável, com tradição no mercado apresenta, (iii) a discrição na condução dos assuntos, (iv) a fidelidade da clientela e, (v) sobretudo a ausência de conflito de interesses entre os seus membros, devido à sua raíz familiar.

---

[26] Qualificativo que não deverá ser entendido num sentido pejorativo, pretendendo-se somente sublinhar o vasto leque de serviços jurídicos que abarcam.

C. SOCIEDADES DE ADVOGADOS – A DIMENSÃO E A ESPECIALIZAÇÃO

Paulo Saragoça da Matta[*]

"A especialização nas sociedades de advogados de pequena dimensão e nas sociedades de advogados exíguas – um paradoxo intransponível?"[1]

"*Especialização*" pode definir-se como o acto de se especializar ou a situação de se ser especializado. Sinónimos de "*especializar*" são especificar, individualizar, particularizar, pormenorizar ou singularizar.

Ora, no âmbito de qualquer ciência – seja ela ciência exacta ou ciência social ou humana –, arte ou técnica, o acto de se especializar consistirá na focalização do estudo (investigação) ou da actuação (prática), dentro da categoria em questão, numa área particular, numa matéria individual.

---

[*] Saragoça da Matta & Silveiro de Barros - Sociedade de Advogados RL
[1] Nota do Autor: como declaração de interesses impõe-se esclarecer que o Autor do presente artigo é Advogado Sócio e Fundador de uma Sociedade de Advogados com apenas dois sócios, termos em que, mais do que conhecedor da vida quotidiana de uma sociedade de advogados de pequena dimensão, é, ele sim, um *especialista* (auto-didacta) nas dificuldades da vida de uma *sociedade de advogados exígua*.

E não é despicienda a distinção acabada de fazer entre focalização do estudo ou da actuação para efeitos da *qualidade* da especialização. É que se é certo que uma *especialização teorética*, fruto de uma profunda investigação num ramo ou área, tem o seu mérito e a sua valia, não menos certo é que essa mesma especialização teórica, quando desacompanhada de actuação prática nesse mesmo ramo ou área do Direito se torna necessariamente deficiente. São, aliás, inúmeros os exemplos, de todos conhecidos, de investigadores eméritos, que elaboram as mais interessantes doutrinas e teorias, as quais mais não são do que verdadeiras descolagens da realidade, meras elocubrações teóricas, exercícios de divagação ou utopia.

No âmbito do Direito, a melhor doutrina imaginável (*law in books*), sem qualquer entendimento prático do modo de funcionamento do *direito em acção*, constitui as mais das vezes a causa da errância da Sociedade, seja por dogmática desajustada, seja por jurisprudência balofa, seja ainda por desajustadas reformas legais.

Mas a inversa também é verdadeira. Uma *enormíssima prática* num determinado ramo do direito ou num específico tipo de processo ou área substantiva, não garante – bem ao invés –, uma verdadeira especialização. Será até, as mais das vezes, um caso de especialização no erro, que o mesmo é dizer de reiteração na ignorância, podendo mesmo degenerar em pura e simples má prática. Assim que não sejam ignotos os casos de práticos que por décadas repetem comportamentos, entendimentos e procedimentos, quando os mesmos já há muito que foram reformulados, alterados, senão mesmo revogados. Aí a *atenção prática* a um certo domínio ou ramo do direito não afasta o facto notório de, após a saída dos bancos das faculdades, tais práticos terem entendido estar revestidos do saber definitivo e imutável acerca do que em tempos aprenderam. Maior afastamento do *dever ser* seria impossível.

Temos, assim, uma primeira nota a sublinhar: a especialização não se faz só de conhecimento dogmático, nem apenas de prática. A especialização efectiva e verdadeira pressupõe uma conjunção de aptidões, e previamente de apetências, que bem demonstra não ser tarefa fácil construir um especialista[2]. O que vale plenamente para qualquer área jurídica. Não é especialista quem quer ser especialista... é especialista quem o consegue ser!

Mas não só. Obviamente que no domínio do Direito, tal como em tantas outras áreas do saber ou da técnica, essa mesma especialização pode assumir graus diversos. E assim teremos – e aqui o discurso dirige-se, necessariamente, para os *iniciados* nas questões jurídicas –, especialização dentro de ramos de direito, dentro de áreas de um ramo de direito, e mesmo, em alguns casos, dentro de determinados procedimentos/processos ou institutos de uma área de um ramo de Direito.

Onde começa então a especialização? Recordo aqui o exame final oral de um aluno de processo civil declarativo que, perguntado sobre qual *o tema* pela qual desejava iniciar a sua prova, responde: *desejava começar por falar da acção declarativa comum!* Não é que não seja essa matéria objecto de estudo na cadeira de direito processual civil declarativo. É-o, de facto! Mas muito dificilmente se pode considerar que tão lato capítulo do direito processual civil fosse um *tema inicial* de discussão numa prova oral do *Direito Processual Civil I*. Tal *matéria* é, grosso modo, quase *toda* a matéria que lhe havia sido ensinada.

Restringindo a análise à prática da Advocacia, cabe perguntar: em quê é que um Advogado se pode especializar? Onde começa a especialização de um Advogado?

Pode, obviamente, especializar-se num ramo do Direito. Seja ele o Direito Comercial, o Direito da Família, o Direito das Sucessões, o Direito Penal, e por aí fora. Já mais difícil é poder invocar-se uma especialização em Direito Civil, dado que por definição abrange uma área tão lata de conhecimentos que ninguém poderá ser considerado especialista, com o mesmo grau de profundidade e qualidade, em todas as matérias aí incluídas.

---

[2] Aliás, esta parece ser uma das situações em que a distinção entre apetência e aptidão deve ser mais rigorosamente mantida.

Pode igualmente haver uma especialização num sub-ramo de Direito: assim o Direito das sociedades comerciais, o Direito bancário, o Direito dos acidentes de trabalho, etc.

Igualmente pensável é uma especialização dentro de um núcleo de problemas englobado num ramo de Direito: especializações em Direito dos testamentos, em fusões e aquisições, em mercado de valores, em incapacidades, etc.

Por fim, pode também haver especializações em áreas de entrecruzamento de concretos institutos, sub-ramos ou ramos do direito. Assim uma especialização em contencioso administrativo--tributário, ou em perícias, ou em direito da filiação e dos menores.

Mas onde começa, e como entender, tal caminho de especialização? Poderá dizer-se alguém especialista em qualquer dos referidos ramos de Direito, ou sub-ramos, ou até em núcleos ou institutos jurídicos, considerando um princípio fundamental que norteia toda a ciência jurídica, como o é o princípio da unidade da ordem jurídica?

A questão que se põe é, portanto e em rigor, uma outra que não apenas aquela que à partida se vislumbra, a saber: até onde é admissível a especialização? Garante-se a qualidade do serviço jurídico quando o especialista é de tal modo especializado (passe-se o pleonasmo), que toda a sua investigação e toda a sua prática se contém tão intra-muros de um instituto, sub-ramo ou ramo do Direito, perdendo os conhecimentos básicos exigíveis ao *prático geral* em tudo o mais que rodeia a sua investigação e prática?

A questão tem-se-me posto amiúde, precisamente relacionada com a questão da *dimensão* das Sociedades de Advogados, posto que, quando em prática individual, o Advogado tende a ser ou um *clínico geral*, ou um prático em áreas muito restritas do Direito, nem se atrevendo a praticar fora dessas mesmas áreas. Se segue o primeiro caminho, a questão da especialização não se põe: é por definição um generalista, com todos os riscos que essa opção hoje implica (em face da permanente incerteza e variabilidade do direito legislado). Se enevereda pela segunda via, então a questão terá de ser discutida em paralelo com a da especialização nas Sociedades de Advogados. Como estudar o suficiente? Como praticar nessa área? E, principalmente, como sobreviver na profissão dadas as características (melhor se diria: os constrangimentos) do mercado português da advocacia?

Vejamos pois como se pode responder à dúvida de saber até onde é admissível a especialização. Bem como aqueloutra que de imediato lhe sucede: a especialização só é possível em *"grandes"* sociedades de advogados?

Comecemos por afirmar que um especialista, no rigoroso sentido da palavra, é alguém que estudou, estuda e estudará com afinco e reiteração, constante ao longo de todo o período da sua actividade, um determinado ramo, área ou questão jurídica. E se estuda, logo aplica instrumentos da área de estudo, na sua prática diária.

Isto logo levanta duas questões. A primeira delas é o tempo para tal estudo, compatibilizado com o horário de trabalho frenético em que lhe é exigido, antes de mais, que facture o suficiente para pagar as contas do seu escritório, ou atinja os limites de facturação que lhe foram traçados pelos *partners* da sociedade de advogados, e dos quais depende directamente o seu *estipêndio*, suavemente crismado de *honorários* ou *avença* (o mensal) e de *bónus*, *prémio* ou participação nos resultados (o semestral ou anual). Todos sabemos, todos já o sentimos, que não é fácil dedicar uma parcela do tempo semanal para estudar, porquanto tal tempo não se factura[3] e como tal é um verdadeiro custo do profissional. É que todo o tempo que se não factura, sente-se como levado à *"nossa conta"*, como se fossem férias ou períodos de licença.

A segunda questão que se levanta, mesmo a quem encontra tempo e disponibilidade financeira para estudar, é a da possibilidade de aplicação daquilo que sabe: um verdadeiro conhecedor de uma determinada área jurídica, pode nunca conseguir exercer na sua prática jurídica forense aquilo que sabe! É que, estranhamente ou talvez não, o *mercado constituído pelos clientes de advocacia* não

---

[3] *Rectius,* não se pode facturar, embora amiúde se veja referência a tal tipo de estudo em Notas de Honorários.

quer saber se um Advogado é ou não *especialista* numa determinada área ou questão. Conforta-se com o facto de se dizer desse Advogado que é especialista, ainda que quem o diga sejam apenas aqueles que com esse Advogado privam, que dele são associados ou sócios. Assim que a maioria dos Advogados especialistas seja no que for, em Portugal e mesmo no estrangeiro, o seja por ter sido criada a *fama pública* de que o é[4].

Assim que aquele que efectivamente é um *especialista teórico* em uma determinada área jurídica possa nunca conseguir trabalhar num único caso que seja do âmbito da sua *expertise*. Basta, para isso, que não tenha acesso, através dos canais sociais convenientes, aos *clientes relevantes* que o poderiam escolher como Advogado. E se assim for, não será um verdadeiro *especialista* no devido sentido do conceito.

Mas ultrapassadas estas dificuldades, i.e., admitindo que um Advogado estuda o suficiente para saber o necessário e tem a dita de conseguir aceder ao primeiro cliente que tem o problema certo para ele aplicar os conhecimentos, temos já um especialista? Obviamente que não. É que a especialização pressupõe a reiteração desta prática, termos em que serão necessários vários anos e muita sorte (diga-se sem rubores!) para que o especialista venha a existir.

Tudo o que demonstra ser lógica e tecnicamente impossível ter *advogados especialistas* poucos anos volvidos sobre a data do termo da licenciatura ou sobre a data da conclusão do estágio – porém, o mercado está cada vez mais *cheio* de especialistas deste jaez.

E será especialista quando efectivamente tenha um conhecimento teórico e uma experiência prática muito acima da média numa determinada área ou questão jurídica. E é também por isso, dir-se-ia quase paradoxalmente, que um especialista não é, não pode

---

[4] Basta ter feito uma defesa criminal num concreto caso mediático (sem nunca ter voltado a trabalhar em direito penal e sem ter feito qualquer estudo académico na área do direito penal e processual penal), e passa a ser-se publicamente reconhecido como um grande criminalista.

ser, alguém que não domine com grande maestria uma série de outros conhecimentos e instrumentos fundamentais a escorar e fundamentar os saberes e prática da área de especialização. Assim que só possa, em Direito, ser-se especialista em fusões e aquisições se, do mesmo passo, se for um profundo conhecedor do Direito das sociedades comerciais, e, mesmo, do Direito Comercial em geral. Tudo o que apenas se pode conseguir com o tempo objectivamente necessário para o efeito.

Chegará isso, contudo? Entende-se que não. É que todas as *áreas jurídicas* referidas para este *paradigma de especialista* (em fusões e aquisições)[5], constituem aquilo a que nos acostumámos a chamar de direito substantivo. E como nos parece óbvio, nenhum bom Advogado o será, e muito menos será especialista, se apenas dominar direito substantivo, com olvido dos conhecimentos próprios para a actuação processual desse mesmo direito. Assim que seja fundamental para um *especialista em fusões e aquisições* dominar com bastante rigor e à vontade todos os instrumentos processuais necessários à tutela contenciosa das situações que nessa mesma área possível de especialização possam surgir.

Não é isso, porém, aquilo que se vê na esmagadora maioria dos casos. A norma que se constata, é precisamente a oposta. Entendendo-se a especialização como um aprofundamento de conhecimento, ou de prática, em *fusões e aquisições*, guarda-se para outro *"especialista"* o conhecimento e a prática nas áreas de processo.

Precisamente por isso é habitual, senão mesmo regra, as grandes sociedades de advogados terem um departamento de *business law* (voltamos ao mesmo!) e um departamento de *litigation*. Como se fosse possível – seja teoricamente, seja na prática – haver um

---

[5] Aliás, não é fácil encontrar uma sociedade de advogados que não se afirme especializada em *mergers and acquisitions*, labéu algo diletante para cobrir com idioma anglo-saxão uma realidade bem conhecida em idioma luso: fusões e cisões, aquisições de participações sociais, elaboração de actas, etc. Em suma, uma *fatia* do Direito Comercial.

especialista em contencioso, leia-se, em processo civil ou comercial, que *recebe* os dossiers em caso de contencioso das mãos do Colega que é o especialista da área do direito substantivo. Aquele acompanhou o dossier na fase graciosa? Teve conhecimento, *pari passu*, de todos os pormenores da operação? Bastar-lhe-á ler as súmulas do processo feitas por quem conduziu a operação para *sentir* tudo o que motivou cada opção? Pior! Quem conduziu a operação, ao fazê-lo, actuou e aconselhou actuações sempre ponderando todas as variáveis passíveis de acontecer em caso de conflito? Anteviu diversos cenários de contencioso póstumo?

Todas estas questões demonstram claramente o busílis do problema: especializar no sentido que tem vindo a ser seguido é conveniente? Não será a grande dimensão de uma Sociedade de Advogados, simultaneamente, uma condição e um obstáculo à especialização? Por outras palavras: o excesso de advogados disponíveis numa Sociedade de Advogados não poderá ser, simultaneamente, um factor potenciador da especialização e uma causa da menor garantia da qualidade das prestações de cada um dos profissionais nela integrados, com a consequente diminuição da qualidade do serviço prestado quando perspectivado na sua globalidade?

Quantos Advogados conseguem discutir, com igual grau de profundidade teórica e prática, matérias de direito administrativo, civil e criminal e simultaneamente manter esse mesmo nível de conhecimento e experiência forense nos processos respectivos? O especialista será a regra? Afigura-se óbvio que assim não é, que assim não pode ser.

Porém, a experiência de trabalho em grandes sociedades de Advogados, quer a directamente vivida, quer a narrada por Colegas, permite ver que a maior dimensão de uma *empresa de advocacia* é condição propícia – mas não necessária, como veremos mais adiante – para a especialização.

Esse foi o caminho seguido em Portugal, mas principalmente, e com anterioridade, em países como os Estados Unidos da América e Canadá, o Reino Unido, a Alemanha e a França. E, além disso, é lógico que assim seja. Com efeito, havendo mais força de trabalho disponível, naturalmente que há maior partilha de funções, e, assim, condições de separação de áreas de intervenção.

Se numa sociedade de advogados de cinco profissionais, por mais que se *separe*, cada um terá sempre de actuar em mais de um ramo do Direito, se o desejo for o de cobrir a generalidade das áreas jurídicas possíveis, numa sociedade de advogados de cinquenta profissionais já se pode perspectivar que cada um pratique apenas num ramo do Direito. E se essa sociedade tiver quinhentos advogados, então até é possível que muitos dos profissionais possam dedicar-se apenas a um sub-ramo de um ramo do Direito, ou até a um certo tipo de instituto ou tipo de processo desse mesmo sub--ramo do Direito.

Se assim é, como resulta óbvio, então porque não se tende para a fusão absoluta? Qual a razão de ser de, nomeadamente em Portugal, existirem várias sociedades de advogados com mais de cem profissionais, em vez de uma única que agremie de uma assentada quinhentos ou seiscentos profissionais? É que desse modo se levaria – em tese abstracta – o raciocínio exposto, e respectivos benefícios, até ao fim!

É que a especialização, embora facilitada pelo trabalho de equipa, não pode combater o mercado em que os profissionais se movem. E se é certo que a união faz a força, não menos certo é que a especialização só tem lugar se e quando o mercado o exija. Nesta matéria, como em tantas outras, temos para nós que a necessidade é que faz a função, e, assim, o órgão. Ora, a inexistência de mercado suficiente não permitirá nunca, num país como Portugal, sociedades de advogados de quinhentos ou mais profissionais.

Mas há uma outra razão, ainda mais intrínseca à actividade: é que a própria concorrência, conatural a todo e qualquer mercado, também sempre impediria tal mega-agremiação[6].

---

[6] Além de que, e não haja rebuço em dizê-lo, o jurista tem muitas vezes certa tendência para o individualismo e para o vedetismo, características estas muito pouco propiciadoras do associativismo, além de ser causa, a nosso ver, de muitos dos movimentos em sentido contrário – cisões – que se vêm verificando ultimamente nas sociedades de advogados em Portugal.

Mas se as linhas que antecedem permitem compreender a razão de ser de existir especialização em sociedades de advogados de grande dimensão – com a óbvia consequência de a focalização numa determinada questão permitir aprimorar e avolumar o conhecimento a ela relativo –, cabe não olvidar, precisamente, as características desse tipo de especialização do ponto de vista dos beneficiários desse tipo de serviço.

Numa sociedade de maior dimensão, um Cliente sociedade comercial, por exemplo, será *trabalhado* pelo *departamento* do *business law*. I.e., do direito comercial. Com este departamento se aconselhará para desenvolvimento da sua actividade quotidiana: reuniões da Assembleia-Geral da sociedade, reuniões da Administração ou da Gerência, relações com o fiscal único ou com o conselho fiscal, opções de gestão, etc. Já para questões com trabalhadores, sindicatos, associações de trabalhadores, poderá vir a ter de trabalhar com o departamento "*de laboral*", na eventualidade de este estar daquele separado. Mas também poderá ter necessidade de aconselhamento no relacionamento com entidades reguladoras do mercado, como a Autoridade para a Segurança Alimentar e Económica (ASAE), a Comissão de Mercado de Valores Mobiliários (CMVM), e mesmo, eventualmente, algumas agências governamentais, o Banco de Portugal (BP), etc. Ora, em bom rigor, para este segundo lote de *problemas*, um prático que actue exclusivamente na área estrita do Direito comercial clássico ou do Direito do trabalho, é já de bem pouca utilidade, posto que não dominará os conhecimentos necessários, v.g., a impugnar uma qualquer coima que tenha sido aplicada ao Cliente ou a tratar de trabalho por turnos, férias, feriados e faltas, etc.

Mais: a menos que o *especialista* em direito comercial tenha tido na sua prática a possibilidade de desenvolver os seus conhecimentos processuais civis, em princípio a contestação a uma acção movida a este Cliente sociedade comercial já terá de ficar a cargo de um *departamento* de *litigation*. E mesmo que o *especialista* se mova bem na área do contencioso civil, ainda assim haverá que limar algumas arestas com o Advogado *Partner* que dirige este *departamento*, se quiser ser ele a assumir a condução forense do litígio surgido. O mesmo se passará, *mutatis mutandis*, no âmbito do contencioso contra-ordencional relativo à coima que atrás se deu como exemplo, com a dificuldade acrescida de o contencioso criminal e para-criminal estar ainda mais longínquo por regra da prática do *especialista* em direito comercial ou laboral.

O exemplo figurado pode ser repetido à exaustão, bastando configurar as dezenas de áreas jurídicas necessárias à vida diária da multiplicidade de Clientes de uma sociedade de advogados: se os actos contratuais e notariais (compras e vendas, doações, convenções antenupciais, testamentos, etc.) estão por regra a cargo de um grupo de *especialistas*, autonomizados num dos *departamentos* da sociedade de advogados, já o contencioso respectivo subsequente transitará as mais das vezes para outro *departamento* com outros *especialistas*. E se o mesmo cliente tem problemas do foro cível e do foro tributário ou administrativo, passará por tantos departamentos quantos aqueles em que a sociedade de advogados se estruture: em cada um deles contacta um Advogado responsável pelo *dossier*, por vezes ainda dois ou três Advogados "*subalternos*", e em certos casos ainda com o *Partner* responsável pelo *departamento* em questão.

Só para poder saber com quem falar, para obter o ponto de situação em cada assunto pendente, exige-se ao cliente um enorme esforço de organização. E tal é sentido pelos Clientes, segundo a nossa experiência, que amiúde relatam sentirem-se *perdidos* na orgânica da sociedade de advogados com que trabalham. E se há Clientes, por regra institucionais, que apreciam a estrutura empresarial, quase de administração-pública, deste seu fornecedor de serviços (*a dimensão e pública fama do meu fornecedor derrama sobre mim parte da imagem respectiva*)[7], outros há que, apesar de serem instituições, sentem a *falta* do "*seu*" Advogado.

---

[7] Aliás, este é o princípio básico da publicidade e marketing dos produtos de luxo. Daí que os consumidores prefiram endividar-se para comprar um BMW ou um Mercedes, quando a utilidade retirada do veículo os deveria fazer bastar--se com outra viatura com menos *glamour*. O mesmo se passa com alta-fidelidade *B&O*, com *Champagne Ruinart*, com chocolates *Fauchon*, etc. São todos bastante

Este, pois, o grave problema gerado pela especialização como ela tem sido desenvolvida em Portugal, por inspiração de modelos anglo-saxónicos totalmente desajustados da experiência, sentir e necessidades da Europa Continental: cria bons tecnocratas na restrita área da respectiva prática, mas que, por regra (*exceptio firmat regulam in casibus non exceptis*), não dominam conhecimentos elementares que permitam um aconselhamento liminar numa área que a essa seja vizinha.

Mas, se dissemos que a dimensão propicia a especialização, cabe ver se a falta dela impede, por si mesma, a especialização.

Ora, temos para nós – e também aqui com saber de experiência feito por mais de uma década – que a resposta é negativa. A falta de *massa crítica* pode realmente ser um entrave à especialização, não por si mesma, mas por questões outras a que abaixo se fará referência.

Com efeito, uma pequena sociedade de advogados, ou mesmo um advogado em prática individual, podem – e a nosso ver devem – tender para a especialização, no preciso sentido com que atrás a circunscrevemos. É que as mesmas razões que aconselham a que numa grande sociedade de advogados haja especialização, também valem para uma pequena sociedade de advogados.

Há é, necessariamente, uma consequência: ou essa pequena sociedade de advogados deliberadamente exclui do campo da sua prática algumas *áreas de especialidade*, ou (e dir-se-ia mesmo "e") cada um dos profissionais terá de fazer um esforço acrescido por garantir a sua *expertise* em mais de uma área jurídica.

E esta *opção* não é uma opção fácil, nem uma opção natural, como se tem visto no panorama jurídico nacional das sociedades de advogados: é que *excluir* da área da respectiva prática uma área do direito, ou todo um ramo do direito, implica necessariamente fechar

---

mais caros que os sucedâneos com marcas menos destacadas, o que não quer dizer que não se retire objectivamente destes últimos a mesma utilidade e satisfação – sobre o tema cfr. Jonah Lherer, Como Decidimos, 1.ª Ed., Lua de Papel, Lisboa, 2009, *passim*, e pp. 126 e ss. em especial.

a porta a um grupo de clientes, senão mesmo a todos os clientes com determinadas características. E tal *fechar de porta* não significa coisa outra que não uma renúncia a honorários, i.e., a uma apriorística redução de rendimentos...

A *verdade* aqui é mal amada, posto que significa uma auto-limitação, à partida, da possibilidade de gerar rendimentos. Todavia, essa mesma verdade é imperiosa, sob pena de a Advocacia ter passado a ser uma pura *actividade comercial*, tal qual a venda de batatas ou de feijões, onde se admitem *usos de comércio* legalmente menos *exigíveis*, de um ponto de vista ético, daqueles que sempre orientaram o Direito *civile* (*hoc sensu*).

Assim que, mesmo sociedades de advogados de pequena dimensão tendam – a nosso ver mal, porquanto constitui falsa afirmação no mercado de qualidades que se não possuem, para já não censurar apenas no foro ético o desamor à verdade – a afirmar ter prática em todas as áreas de Direito possíveis e imaginárias. Basta um breve bosquejo por um dos vários anuários de sociedades de advogados em circulação em Portugal, e vemos sociedades de advogados com 10 a 15 profissionais a afirmarem-se *especialistas*, ou pelo menos *com prática*, em áreas como o Direito aeronáutico, o Direito das obras de arte, o Direito agrário, o Direito de protecção das minorias, etc. – tudo áreas em que, a haver meia dúzia de casos por ano, será demais![8]

---

[8] Vive-se em Portugal, desde o início da década de 90 do século XX – precisamente mercê do afã da (falsa) especialização –, uma verdadeira histeria no mundo da advocacia: Sociedades que afixam na sua página Web contarem com 20 ou 30 advogados, quando, na realidade, apenas um terço são advogados acreditados em Portugal (os outros são, p.e., advogados não autorizados a exercer em Portugal), sendo que desse terço apenas 5 ou 6 são Advogados, sendo os outros ainda estagiários; Sociedades que clamam ter escritórios em várias cidades estrangeiras, quando, na realidade, nenhuma relação têm com escritórios dessas cidades que não seja o mero facto de se terem seleccionado mutuamente para uma eventual referenciação de clientes (se e quando a necessidade surgir, sendo certo que as mais das vezes não surgem, posto Portugal ser, estatisticamente,

Mas regressando ao fio condutor que atrás deixámos voluntariamente interrompido, continue a apreciar-se a especialização em sociedades de pequena dimensão.

Admitindo que suporta a diminuição abstracta prévia da facturação, por exclusão de algumas áreas de prática da sua oferta ao público, a sociedade de advogados de pequena dimensão confronta-se com os mesmos obstáculos que atrás se apontaram a toda e qualquer especialização: a falta de tempo *sobrante* para o aprofundamento da dimensão teórica da especialização – em face do frenesim da agenda necessário para manter os níveis de rendimento –; a potencial dificuldade de aceder aos clientes que têm os problemas práticos em que tal conhecimento pode ser aplicado.

Em suma: uma sociedade de advogados de pequena dimensão sofre, para ver os seus profissionais especializarem-se, o mesmo que uma grande sociedade de advogados ou um advogado em prática individual. Mas o advogado em prática individual e a sociedade de pequena dimensão defrontam obstáculos extra, que não são sentidos pela *"grande"* sociedade de advogados.

Será então possível a especialização na pequena sociedade de advogados? É ela exequível?

Não nos bastando com o argumento prático de que tal especialização *"na"* pequena dimensão é um facto – essa a experiência profissional que tenho vivido na última década –, cabe analisar o fenómeno em geral.

Um conjunto de quatro ou cinco Advogados associados numa Sociedade de Advogados efectivamente pode, e deve, especializar-

---

um País *receptor* e não *remetente* de trabalho jurídico); Sociedades que se afirmam especialistas em áreas em que não têm nenhum profissional conhecido por sequer trabalhar nessa área; Sociedades que se dizem com prática em áreas jurídicas que, infelizmente, raramente foram necessárias em Portugal. É realmente uma histeria... uma histeria mercenária, na luta pela emissão de mais uma factura assente em qualidades que se não possuem. Talvez este seja, ao cabo e ao resto, o pior legado da especialização (tal como tem sido vivida) no mundo da Advocacia lusitana – de grande, pequena ou diminuta dimensão.

-se, no sentido atrás dado a tal conceito. Com efeito, apenas uma dedicação abnegada a específicos ramos, sub-ramos ou áreas do Direito permite hoje a um profissional do Direito possuir não só o saber vulgar e corrente nesse mesmo ramo ou área, mas um volumoso e aprimorado conhecimento teórico nesse mesmo capítulo do Direito, que lhe permita diferenciar-se da média num universo que conta já com mais de 30.000 Advogados para dez milhões de habitantes em Portugal (a maioria dos quais nunca precisará, em toda a sua vida, de um Advogado).

Mais: essa atenção e estudo dedicados são hoje necessários até para permitir um básico conhecimento do direito legislado em permanente mutação (e, as mais das vezes, em conflito interno, fruto do mau labor de um poder legislativo e de um poder executivo completamente incapazes de governar sem produzir legislação inconsequente em catadupas), termos em que a focalização do estudo e da atenção são imprescindíveis para garantir um *conhecimento teórico* superior ao dos *concorrentes*.

Por outro lado, para que a especialização destes profissionais seja possível, necessário é que consigam aplicar na prática – a referida *segunda dimensão*, necessária para a especialização –, o seu saber. E aqui começam as agruras apenas sentidas pelas sociedades de advogados de pequena dimensão e pelos advogados em prática individual. É que muitos dos clientes, e dos casos, em que poderiam *praticar* os especiais conhecimentos adquiridos, não lhes são acessíveis. Atente-se no seguinte exemplo: como pode um advogado *especialista teórico* em *fusões e aquisições* aplicar na prática os seus conhecimentos, para ganhar o estatuto pleno de especialista, quando todos os clientes que estão ao seu alcance são sociedades unipessoais ou sociedades por quotas com estabilidade dos detentores das respectivas participações sociais? Mais: um grosso de sociedades comerciais que mal sobrevivem (em face do depauperado panorama económico nacional). A resposta é clara: não pode! Quanto aos clientes que efectivamente procedem a *fusões e aquisições* reiteradas, com dimensão e expressividade, esses só com um golpe de sorte, lhe serão acessíveis. Nesta luta pela clientela relevante, nada pode uma pequena sociedade de advogados fazer.

Assim que haja outra conclusão interlocutória a tirar: a especialização no âmbito das sociedades de advogados de pequena dimensão é estatisticamente mais rara, e na prática muito mais difícil, do que nas sociedades de grande dimensão, pelo tão simples facto de estas absorverem o grosso dos clientes com dimensão suficiente para terem as *necessidades* a que o especialista pode prover.

Não é pois, a especialização das pequenas sociedades de advogados, em Portugal impedida pela dimensão das mesmas, mas pela existência de um mercado (leia-se: uma clientela, a grande clientela) distorcido, permeável a influências extra-jurídicas e que se desenvolvem ao arrepio das regras da concorrência e da transparência e que se não norteia pelos critérios típicos utilizados noutras jurisdições, a saber: o preço, o prazo, a qualidade do serviço!

A diferença do *cenário* em que se actua é o que explica que algumas das mais reputadas Sociedades de Advogados em áreas específicas do Direito, nos EUA, sejam sociedades com dois ou três sócios e menos de uma dezena de profissionais. O mesmo acontece em vários dos países nórdicos europeus. É que ao invés de Portugal, o mercado norte-americano e alguns dos mercados do norte da Europa regem-se pelos ditos critérios, e não pela pré-assunção de que apenas nas *grandes sociedades de advogados* há profissionais capazes de tratar capazmente de um concreto dossier[9].

Além disso, noutras jurisdições a comunidade dos Advogados não tem como cliente quase único o Estado, nas suas diversas epifanias: Ministérios, Direcções-Gerais, Institutos, Fundações, Empresas públicas e semi-públicas. Logo, é mais fácil haver concorrência

---

[9] Aliás, grande parte da responsabilidade desse *entendimento* distorcido advém do facto de serem alguns Advogados com acesso à comunicação social a pretenderem que assim seja e a afirmarem-no publicamente, de modo totalmente não ético e, o que mais é, falso! Com efeito, pretender que a competência só existe num número muito reduzido de 5 ou 6 sociedades de advogados em Portugal constitui um insulto a todas as demais dezenas de milhar de profissionais que fora dessas mesmas sociedades de advogados demonstram diariamente a sua competência, capacidade e serviço à Justiça.

quando não há monopólios ou oligopólios (ainda mais se se admitirem como verdadeiras as conclusões do último estudo do Conselho da Europa relativo ao volume e às características da corrupção em Portugal), mais ou menos transparentes, mais ou menos verdadeiros. Basta atentar no número de concursos públicos para fornecimento de serviços jurídicos, por ano, em Portugal, e cotejar tal número com o volume de gastos desse mesmo *"Estado"* (*latíssimo sensu*) com serviços jurídicos, para perceber a razão de ser da dificuldade de especialização (e até de sobrevivência) das sociedades de advogados de pequena dimensão.

Mas apesar destes escolhos, a especialização é teoricamente possível, numa sociedade de advogados de pequena dimensão, e também possível na prática, apesar da dificuldade gerada por um mercado distorcido e de falsa concorrência.

Pelo que cabe concluir que a especialização não só é compatível, como é possível, nas sociedades de advogados de pequena dimensão: também aqui é necessário o estudo afincado, conjugado com a prática reiterada... *in casu*, com a prática possível!

Deixou-se para o final deste escrito o cotejo dessa mesma *especialização*, tal como ela vai existindo, em sociedades de advogados de grande e de pequena dimensão por referência ao *problema* que atrás se apontou existir na *especialização* oferecida pelas sociedades de advogados de grande dimensão.

Disse-se atrás que a *orgânica* interna das sociedades de advogados de grande dimensão leva a que os dossiers, nas suas diversas partes (sincronicamente e diacronicamente), possam ter de passar, e passem as mais das vezes, por diversos departamentos. Seja porque num concreto dossier tenham de intervir, em simultâneo, mais do que um dos departamentos (v.g., comercial e criminal), seja porque nesse mesmo dossier tenham de participar, sucessivamente, vários departamentos (v.g. contratos/direito civil e contencioso)[10].

---

[10] Há um pequeno exercício que permite detectar essa *pulverização* de intervenientes quando um dossier chega a fase contenciosa. Pegando numa

E se tal *pulverização* de patrocínios se considerou ser uma *menos* valia na qualidade do serviço prestado ao Cliente numa sociedade de advogados de grande dimensão, cabe apreciar se o mesmo sucede numa sociedade de advogados de pequena dimensão ou numa sociedade de advogados exígua.

Ora, crê-se que a especialização nestas sociedades de advogados de pequena dimensão tem uma enorme vantagem sobre a especialização vulgarmente praticada nas sociedades de advogados de grande dimensão: a vantagem consubstancia-se no facto de, quando a especialização se consegue nas sociedades de advogados de pequena dimensão, a mesma não padecer (aliás, não poder padecer, por razões materiais objectivas) do dito vício que se afirmou inquinar a especialização nas sociedades de advogados de grande dimensão. Vejamos:

O que caracteriza, para efeitos da presente análise, a grande dimensão por confronto com a pequena dimensão das sociedades de advogados, como é óbvio, é o número de profissionais disponíveis.

---

petição inicial ou numa contestação feita com a intervenção de vários *departamentos*, constata-se com facilidade as seguintes características: a peça processual é imensa, vulgarmente com centenas de artigos; a mesma ideia força ou alegação aparece reiteradamente alegada; os estilos de escrita raramente são homogéneos, e até a qualidade literária do texto final; nos casos mais graves algumas das alegações contidas na peça são effectiva ou potencialmente contraditórias com outras alegações contidas mais adiante; os capítulos "Do Direito" são por regra extensíssimos, pejados de citações de doutrina e de invocações de jurisprudência, totalmente a despropósito num articulado em que o que se pretende essencialmente e fornecer *factos* ao julgador (e quanto muito um genérico enquadramento jurídico que sustente a pretensão), porquanto as discussões de Direito *hoc sensu* terão o seu momento próprio na audiência preliminar e nas alegações a produzir na fase da audiência de discussão e julgamento. As peças processuais *compiladoras* da intervenção de vários departamentos, sem que haja um efectivo controlo final da respectiva economia e lógica interna, manifestam a toda a luz as más consequências de uma especialização formalmente absoluta, mas substancialmente incorrecta. Acaba por ser um concerto de piano a várias mãos – muitas, por vezes –, em que falta um maestro, ou em que o maestro se vê incapacitado de dar unidade ao concerto.

Por outras palavras, é o volume da *força de trabalho* disponível. Ora, se numa sociedade de advogados com cinco profissionais se pretende que os mesmos se especializem, no conhecimento e na aplicação prática dos conhecimentos adquiridos, necessariamente que se lhes exigirá, por falta de *braços disponíveis*, que dominem, necessariamente, ambas as grandes fases da área de especialização respectiva, a saber: a fase graciosa (de aconselhamento, previsão, implementação dos mecanismos necessários ao Cliente); e a fase contenciosa (a tutela jurisdicional ou administrativa dos interesses do Cliente). Sendo assim, como não pode deixar de ser, o Advogado que prestou o aconselhamento, que acompanhou a fase graciosa ou de implementação do projecto, é também aquele que conduzirá a fase contenciosa do dossier. Assim que a acima referida *pulverização*, fruto da intervenção de vários departamentos na condução das diversas fases do mesmo patrocínio, não ocorra. *Rectius*, não pode ocorrer, pela tão simples razão de que não há a formal *organização* em departamentos estanques e até concorrentes entre si.

Esse *especialista* que opera numa sociedade de advogados de pequena dimensão acaba por ser o *condutor* único de todo aquele dossier do cliente: pode ter de solicitar apoio de um colega de outra *especialidade*, é certo, mas é ele quem mantém o controlo de todo o patrocínio, dando-lhe unidade, e mais: é ele quem permanentemente aparece ao Cliente, seja na fase graciosa (da elaboração do contrato, da apresentação da pretensão à autoridade administrativa, de acompanhamento da reunião da assembleia-geral), seja na fase contenciosa (da interposição da acção judicial para cumprimento do contrato, da instauração da acção administrativa especial que impugnará o indeferimento da pretensão, de realização das negociações com os accionistas da sociedade ou de impugnação da deliberação da assembleia--geral).

Mas se é certo que a conclusão a tirar é a de que a especialização na pequena dimensão das sociedades de advogados (e nos Advogados em prática individual) é possível, é necessária e é aconselhável, não menos certo é que essa mesma especialização é mais difícil (em tempo e em acesso às possibilidades de prática), sai mais cara e vota necessariamente a pequena ou exígua sociedade de advogados a uma menor rentabilidade. Estas últimas características tenderão a tornar a actividade menos atractiva, e, assim, poderão ser factor de *condenação* desse tipo de prática ao insucesso, pelo cansaço e desistência. Se assim for, brevemente deixará de haver artesãos do Direito, passando o mercado a ser exclusivamente dominado pelas grandes superfícies, *animadas* estas por grandes multinacionais de *Comércio de Direito*.

Porém, quando tal tipo de especialização na pequena dimensão existe, norteada pelos correctos critérios que atrás se deixaram apontados, tem a enorme vantagem de não padecer dos problemas que vêm associados à especialização nas sociedades de advogados de grande dimensão. Um especialista em prática individual ou integrado numa sociedade de advogados de pequena dimensão ou exígua é, ao fim e ao cabo, como que um Alfaiate *à moda antiga*, que está com o Cliente em todas as fases da prestação do seu serviço: desde a tiragem de medidas, à elaboração dos moldes, à realização das provas para rectificação do fato ao corpo do Cliente, e também na prova final... e eventualmente ainda se encontrará com o Cliente, já trajando este o fato novo, num sábado à tarde numa *matinée*, com ele bebendo um inesperado café, onde até poderá dar-lhe um conselho relativo ao calçado.

D. CONTRIBUTOS PARA A COMPREENSÃO DO REGIME FISCAL DAS SOCIEDADES DE ADVOGADOS

Pedro Marinho Falcão[*]
Ana Valente[**]

1. Enquadramento do Regime da Transparência Fiscal

No Sistema Fiscal Português, tradicionalmente, o regime de tributação das sociedades e das pessoas colectivas tem dado azo a vários entendimentos discordantes no seio da doutrina relativamente aos quais, atendendo à sua relevância, faremos uma breve alusão.

Por um lado, para alguns autores as sociedades e as pessoas colectivas, apesar de possuírem personalidade jurídica própria, considerando as suas especificidades, não deveriam ser tributadas enquanto tal na medida em que constituiriam única e exclusivamente um véu[1] que cobria as verdadeiras *"unidades produtivas"*, os seus sócios.

---

[*] Professor Universitário e Advogado especialista em Direito Fiscal, sócio dos Nuno Cerejeira Namora, Pedro Marinho Falcão & Associados – Sociedade de Advogados RL

[**] Consultora do Departamento Fiscal, de Nuno Cerejeira Namora, Pedro Marinho Falcão & Associados – Sociedade de Advogados RL

[1] "Como outros institutos de direito fiscal, o princípio do desrespeito pelo princípio da separação entre a pessoas colectiva e os seus membros, fazendo aquilo que a doutrina americana chama *to lift the corporate veil* nasceu no direito comercial", J.L. Saldanha Sanches in "Fisco" n.º 17 de 15 de Fevereiro de 1990.

Refira-se, ainda, a este respeito que alguns autores defendiam que, por vezes, a constituição de uma sociedade apenas tinha como principal finalidade a evasão fiscal, a atenuação da respectiva carga fiscal que, em certos casos, seria muito mais gravosa em sede do imposto sobre o rendimento das pessoas singulares (IRS) do que em sede do impostos sobre o rendimento das pessoas colectivas (IRC).

Por outro lado, para os defensores da tributação na esfera das sociedades, se não houvesse um imposto sobre as sociedades os lucros não distribuídos pelos sócios não seriam sujeitos a uma tributação efectiva pois seriam afectos à própria sociedade.

Outros autores insurgiram-se contra a dupla tributação económica decorrente da tributação, numa primeira fase, do rendimento das sociedades, em sede de IRC, e, numa fase posterior, da tributação do lucro distribuído a cada um dos seus sócios, em sede de IRS ou IRC, consoante a natureza do sócio.

A este respeito refere *"Soares Martinez"* in "Direito Fiscal", Almedina, p. 239, *"tal dupla tributação, em sentido económico embora não tenha natureza jurídica, verifica-se mas não apenas em relação às sociedades de pessoas mas também relativamente às sociedades de capitais."*

Foi, aliás, por influência deste problema que o legislador, a pretexto da publicação da Lei n.º 442-B/1988, de 30 de Novembro, *ut* Código do IRC, entendeu criar um novo regime de tributação das pessoas colectivas, ao afirmar no preâmbulo do mencionado diploma o seguinte:

"Importa ainda sublinhar que, com objectivos de neutralidade, combate à evasão fiscal e eliminação da denominada dupla tributação económica dos lucros distribuídos aos sócios, se adopta em relação a certas sociedades um regime de transparência fiscal. O mesmo caracteriza-se pela imputação aos sócios da parte do lucro que lhes corresponder, independentemente da sua distribuição".

Considerando todos os objectivos visados, aquele que assumia um carácter mais pacífico no seio da doutrina era o da neutralidade fiscal no sentido em que a tributação não deveria, em princípio, *"ser condicionada pela forma jurídica dos entes sujeitos a imposto, devendo tomar-se, para este efeito, como padrão, o imposto sobre o rendimento das pessoas singulares"* (cf. entendimento veiculado pelo Parecer n.º 18/89, sancionado por despacho do Exmo. Director-Geral das Contribuições e Impostos de 21 de Março de 1989 no âmbito do Processo n.º 41, E.G. 10/89).

Adicionalmente, na génese do combate à evasão fiscal encontrava-se a preocupação do legislador em evitar que se constituíssem sociedades com único intuito de fugir aos impostos.

Por outro lado havia também a necessidade de eliminar a dupla tributação económica – tributação em sede de IRC e IRS – dos lucros distribuídos aos sócios.

Neste contexto, o recurso ao regime de transparência fiscal veio permitir uma completa integração do IRC e do IRS, não havendo, em consequência, tributação, em sede de IRC, na esfera das sociedades e das outras pessoas colectivas abrangidas por este regime.

2. O Regime de Transparência Fiscal

2.1. A relação jurídico-tributária

Para uma melhor percepção do enquadramento do regime de transparência fiscal torna-se premente o esclarecimento de alguns conceitos fundamentais do direito fiscal.

Assim, importa esclarecer o alcance do conceito de relação jurídica tributária considerando que este é, inclusivamente, objecto de diversas opções metodológicas por parte da doutrina.

De acordo com o artigo 36.º da Lei Geral Tributária (LGT) a *"relação jurídica tributária constitui-se com o facto tributário"* constituindo este o específico pressuposto da relação jurídica fiscal, consistindo na situação ou situações previstas nas normas de incidência e compreendendo todos os seus elementos essenciais – não susceptíveis de alteração pela mera vontade das partes.

Por um lado, a relação jurídica fiscal pressupõe a existência de um sujeito activo, uma entidade de direito público, que se encontra vinculado a determinadas obrigações fiscais que visam, na opinião de *"Soares Martinez"* in *"Direito Fiscal"*, 7.ª Edição, p. 27, *"a realização de uma receita pública e não depende de outros vínculos jurídicos nem determina para o sujeito activo respectivo qualquer dever de prestar específico"* (cf. neste sentido os Acórdãos do Tribunal de Conflitos de 27 de Outubro de 2004, no Processo n.º 2/04 e em 19 de Outubro de 2006 no âmbito do Processo n.º 09//06).

Por outro, pressupõe também a existência de um sujeito passivo que, de acordo com o número 3 do artigo 18.º da Lei Geral Tributária (LGT), *"é a pessoa singular ou colectiva, o património ou a organização de facto ou de direito que, nos termos da lei, está vinculada ao cumprimento da prestação tributária, seja como contribuinte directo, substituto ou responsável"*.

Neste contexto, refere *"Saldanha Sanches"* in *"Manual de Direito Fiscal"*, Almedina, p.134, que *"o sujeito passivo da relação jurídica não tem que ser necessariamente uma pessoa jurídica: podemos ter como sujeito passivo da relação tributária uma pessoa singular ou colectiva, mas também uma entidade a que o legislador fiscal atribui relevância sem a transformar em pessoa jurídica"*.

Conclui-se, portanto, que na veste de sujeito passivo da relação tributária, na opinião de *"Rui Duarte Morais"* in *"Apontamentos ao IRC"*, Almedina, p. 33, podem surgir *"as sociedades e outras pessoas colectivas cuja actividade principal seja de natureza empresarial são, como vimos, tributadas pelo lucro"*.

2.2. O Regime de Transparência Fiscal

A tributação das pessoas colectivas assenta, assim, no pressuposto que as sociedades comerciais, na qualidade de sociedades de capitais que são, possuem características que, *de per se,* exigem a sua transformação em sujeitos passivos de imposto e em que os respectivos sócios ou accionistas beneficiam de uma remuneração pelo investimento do seu capital.

Não obstante, como salienta *"Saldanha Sanches"* in *"Manual de Direito Fiscal"*, Coimbra Editora, p. 239, *"ao lado das sociedades de capitais, caracterizadas pela existência de meios financeiros postos em comum pelos sócios ou mesmo por um empresário em nome individual, como condição para o exercício de uma certa actividade, encontramos também sociedades de pessoas. No sentido de uma associação entre pessoas que formam uma sociedade para pôr em conjunto as suas aptidões profissionais."*

De facto, neste tipo de sociedades em que a componente pessoal é dominante, destaca também *"Rui Duarte Morais"* in *"Apontamentos ao IRC"*, Almedina, p. 36, *"o valor da sociedade não resulta tanto do capital investido mas das pessoas dos sócios, os quais, em muitos casos, nela exercem a sua actividade profissional"*.

A este respeito, refere ainda *"Soares Martinez"* in "Direito Fiscal", Almedina, p. 239, *"tem-se admitido que as chamadas sociedades de pessoas, nas quais a individualidade dos sócios se não apaga correspondam apenas a situações de contitularidade."*

Contudo, para efeitos de IRC, as sociedades com um cariz mais pessoal ut *"sociedades de pessoas, têm, entre nós e ao contrário do que acontece em geral lá fora, um tratamento idêntico às sociedades de capitais. É, todavia, aplicado um regime de transparência fiscal..."* (Casalta Nabais, José, in "Direito Fiscal", Almedina, p. 361).

A sociedade transparente surge então, como uma estrutura formal que titula determinadas fontes geradoras de rendimentos, *"salvaguardando-as"* de uma eventual tributação até à sua distribuição aos sócios.

Aliás, tem entendido a doutrina que uma hipotética diferenciação económica entre a sociedade e os seus sócios ou accionistas dissipa-se, tornando, desta forma, difícil a destrinça das suas diferentes capacidades contributivas.

Com o regime de transparência fiscal, e o consequente levantar do véu da personalidade jurídica das sociedades, pretendeu-se, assim, evitar a dupla tributação económica, deixando de existir uma hipotética tributação, por um lado, em sede de IRC, do rendimento auferido a título de lucro na esfera das sociedades, e verificando-se, apenas, uma tributação efectiva, por outro lado, do rendimento, em sede de IRS ou IRC, na esfera dos sócios ou accionistas.

Neste contexto, e de acordo com a alínea b) do número 1 do artigo 6.º do Código de IRC *"é imputada aos sócios (...) no seu rendimento tributável para efeitos de IRS ou IRC, consoante o caso, a matéria colectável, determinada nos termos deste Código, das sociedades (...) de profissionais"*.

Em consequência deste regime que sempre assumiu entre nós *"um carácter obrigatório, as sociedades e outras entidades a que o mesmo se aplica não são tributadas (art. 12.º do referido Código), mas permanecem como sujeitos passivos do IRC. Esta sujeição é necessária por ser instrumento essencial na definição do regime. Com efeito, as sociedades e outras entidades transparentes são «centros unitários de referência» para calcular os valores de base que deverão ser imputados aos seus sócios ou membros, cálculo que se faz observando as disposições do Código do IRC incluindo as que possibilitam a sua correcção (art. 78.º do Código)"*, conforme entendimento veiculado pelo Parecer n.º 18/89, sancionado por despacho do Exmo. Director-Geral das Contribuições e Impostos de 21 de Março de 1989 no âmbito do Processo n.º 41, E.G. 10/89.

Desta forma, ao imputar-se todo o rendimento das sociedades aos seus sócios ou accionistas, num dado momento, apenas e só a esse nível é que ele será tributado, não sobrevindo, desta forma, qualquer tipo de tributação na esfera da sociedade, em sede de IRC.

Com efeito, a lei observa a realidade económica através da sociedade – e daí a designação de transparência – atingindo de forma directa a pessoa singular ou colectiva dos respectivos sócios.

Conclui-se, então, que "face ao regime assim explanado, as sociedades e outras entidades sujeitas ao regime de transparência fiscal não são tributadas em IRC, muito embora permaneçam sujeitos passivos deste imposto", *conforme Acórdão do Tribunal Central Administrativo do Sul proferido no âmbito do processo n.º 01682//07 em 29 de Maio de 2007.*

É de frisar *"que o lucro tributável é apurado em relação à sociedade ou entidade transparente, nos termos do CIRC, muito embora, o mesmo seja, depois, imputado aos sócios na proporção da respectiva quota (que se presume igual se nada estiver estabelecido em contrário no pacto social ou no acto constitutivo da sociedade), integrando-se assim na correspondente categoria de rendimentos de IRS no respeitante aos sócios singulares ou no IRC da sociedade agrupada"* (*Casalta Nabais, José* in *"Direito Fiscal"*, Almedina, p. 362).

Por outro lado, importa salientar que as sociedades bem como as outras pessoas colectivas sujeitas ao regime de transparência fiscal na qualidade de sujeitos passivos de imposto, tal como reiterado na Circular 8/90 emitida pela Direcção-Geral das Contribuições e Impostos em 16 de Fevereiro de 1990, *"estão adstritas ao cumprimento das respectivas obrigações acessórias, designadamente, a dispor de contabilidade organizada e a apresentar a declaração periódica de rendimentos".*

Assim, a não tributação em IRC das entidades abrangidas pelo regime da transparência fiscal não as desobriga da apresentação da declaração de inscrição, de alterações ou de cancelamento no registo dos sujeitos passivos de IRC e da declaração periódica de rendimentos.

Há, como refere *"José Casalta Nabais"* in *"Direito Fiscal"*, Almedina, p. 363, *"lugar a uma dupla obrigação de declaração de rendimentos – a obrigação de declaração da sociedade em sede de IRC, relativamente ao lucro apurado, e a obrigação de cada um dos sócios no quadro da declaração de rendimentos que tem de fazer em sede do IRS ou do IRC, no respeitante ao correspondente rendimento apurado".*

2.3. As sociedades de profissionais

Face à retórica argumentativa antecedente resulta claro que o regime da transparência fiscal é aplicável às sociedades de profissionais, sociedades de pessoas por excelência, que constituem o cerne do nosso regime de transparência fiscal interna e que têm como incidência, entre outras, as sociedades de advogados (cujo regime já se encontrava previsto antes da reforma fiscal do final dos anos 80).

Neste tipo de sociedade, tal como foi anteriormente referenciado, o elemento pessoal é determinante na medida em que o sucesso da sociedade depende única e exclusivamente do trabalho e da reputação dos seus sócios, sendo o elemento capital de segundo plano.

O que releva, efectivamente, nas sociedades ditas de profissionais é a actividade profissional exercida pelos seus sócios independentemente da forma societária em que se encontram constituídas.

Para este desígnio, estabelece a alínea a) do n.º 4 do artigo 6.º do Código do IRC: *"considera-se sociedade de profissionais a sociedade constituída para o exercício de uma actividade profissional especificamente prevista na lista de actividades a que alude o artigo 151.º do Código do IRS, na qual todos os sócios pessoas singulares sejam profissionais dessa actividade."*

Considera-se, do ponto de vista fiscal, que a sociedade de profissionais é constituída para o exercício de uma actividade profissional quando todos os sócios sejam profissionais dessa actividade, que a exerçam no âmbito da sociedade e, se considerados individualmente, ficariam abrangidos pela categoria dos rendimentos do trabalho independente para efeitos do IRS.

Nestes termos, a tributação em imposto sobre o rendimento ocorre na esfera dos sócios, não existindo qualquer pagamento de IRC por parte da sociedade, excepto no que se refere à tributação autónoma e à derrama, como resulta literalmente do art. 1.º do CIRC.

De realçar ainda que, no entender de *"Rui Duarte Morais"* in *"Apontamentos ao IRC"*, Almedina, p. 39, *"parece ainda resultar da lei que todos os sócios têm que exercer actividade profissional a sociedade e que a sociedade tem que se circunscrever ao exercício de determinada actividade profissional, não podendo ter outro proveitos que não os dela resultantes, salvo se meramente acessórios"*.

Face ao exposto, encontram-se, assim, excluídas do regime de transparência fiscal as sociedades constituídas para o exercício de diferentes actividades profissionais e compostas por membros que sejam profissionais de diferentes áreas.

Aliás, um dos critérios que tem marcado o regime da transparência fiscal radica na circunstância de, atendendo à globalização e à especialização dentro de cada área de actividade, as sociedades funcionem como verdadeiras sociedades de capitais, pelo que se tem entendido que aquela limitação se encontra desenquadrada da realidade actual em que, na maioria das vezes, a prestação de serviços numa determinada área exige a intervenção de outras áreas que possibilitem uma maior complementaridade.

2.4. O caso específico das sociedades de advogados

As sociedades de advogados são o caso típico de associações induzidas pelo factor humano, sendo absolutamente perceptível a importância da qualificação do profissional e a sua preparação, que constituem o elemento decisivo na relação com o cliente.

Apesar de ser recente o fenómeno da autonomização das sociedades de advogados relativamente aos sócios que a integram, na generalidade das sociedades o elemento capital tem uma dimensão inferior relativamente ao elemento pessoal que constitui a estrutura da pessoa colectiva.

Neste contexto, e com a reserva do que se afirmou a respeito do efeito *"autonomização"*, é pacífico que o profissional que integra uma sociedade de advogados poderia perfeitamente exercer a mesma actividade, nas mesmas condições, com o mesmo índice de penetração no mercado se desenvolvesse a profissão em regime de associação com outros profissionais, numa lógica de mera partilha de despesas, clientes, de espaços e serviços comuns.

O mesmo é dizer, **por regra** e como factor isolado, a constituição da sociedade de advogados, enquanto elemento formal de carácter puramente organizativo e encarado numa perspectiva logística, não induz qualquer valor acrescentado à actividade desenvolvida pelo advogado.

Esta visão não é compatível com os advogados de prática isolada, que congregam características distintas, sem partilha do espaço, clientes e serviços.

Mas é, para nós, pacífico que do ponto de vista do mero exercício da profissão não há qualquer diferença entre o seu exercício em organização conjunta com partilha de interesses [*vg,* clientes, serviços, processos, matérias] e o exercício da profissão em regime de sociedade.

O tipo societário, na actividade do advogado, surge nas mais das vezes, como uma forma de tutelar interesses comuns, com o único propósito de simplificar procedimentos administrativos, contabilísticos e fiscais que, em hipótese distinta, teriam de ser repetidas pelo número de advogados que integram o mesmo escritório.

Como tal, e tendo em conta os efeitos negativos da dupla tributação económica dos rendimentos, entendeu a lei tratar esta actividade sujeitando-a ao regime da transparência fiscal.

Como flui dos capítulos antecedentes, nas sociedades de advogados o lucro tributável é apurado de acordo com o regime do Código do IRC, aplicando-se aos respectivos actos de lançamento, e a matéria tributável assim apurada é imputada aos sócios pessoas singulares para efeitos de tributação em IRS, e como rendimento líquido da Categoria B, tal como se estabelece no art. 20.º do CIRS.

Trata-se de uma imputação especial, que não admite outras deduções, pelo que as despesas decorrentes do exercício da actividade de advogado terão de ser necessariamente imputadas à sociedade, para efeitos de apuramento do lucro tributável que, como resulta do art. 12.º do CIRC, não está sujeito a imposto.

Este mecanismo de apuramento do lucro das sociedades de advogados e imputação directa ao sócio para efeitos de tributação em IRC elimina, definitivamente, o efeito da dupla tributação económica dos rendimentos, que ocorre quando o único rendimento ou benefício é tributado em sede de IRC, junto da fonte geradora e, numa segunda fase, em sede de IRS [no caso de sócios pessoas singulares].

Pois bem, no caso das sociedades de advogados bem se percebe o desiderato do legislador: numa clara opção pelo efeito de neutralidade fiscal, o art. 6.º do CIRC, em articulação com o art. 12.º do mesmo diploma, determina o apuramento do *"lucro líquido"* da actividade profissional e, não se operando qualquer tributação em IRC, o rendimento é directamente imputado ao sócio para ser, pela primeira [e única] vez, tributado em sede de IRS, como se referiu, a título de rendimento líquido da Categoria B.

Esta opção, que promove a desconsideração da personalidade tributária das sociedades, radica na circunstância de se pretender tratar o sócio, do ponto de vista fiscal, como se fosse um advogado em prática conjunta, com uma partilha de espaços, organização, serviços e clientes, pois não ocorrendo uma verdadeira autonomização entre o sócio e a sociedade, não faria sentido tributar em dois momentos a sociedade pelo lucro gerado e o sócio pelo rendimento de capital obtido.

Assim, tendo em conta a ausência de elemento diferenciador entre o sócio e a sociedade, a solução da lei foi no sentido de centralizar o efeito da dupla tributação económica, determinando a imputação *"directa"* do rendimento apurado ao sócio, para efeitos de tributação em IRS.

A imputação fiscal de rendimentos não depende da deliberação dos sócios, estabelecendo a lei um regime de imputação directa e autónoma, isto é, independentemente da vontade societária.

Tal como flui do art. 6.º n.º 1 do CIRC, *"é imputado aos sócios, integrando-se (…) no seu rendimento tributável (…) a matéria colectável (…)* **ainda que não tenha havido distribuição de lucros**".

A razão de ser do regime de imputação automática ou directa resulta justamente da ausência de tributação em IRC e destina-se a evitar comportamentos de elisão fiscal. De facto, não ocorrendo a tributação em IRC, se os sócios não deliberassem a distribuição de lucros, não haveria imputação aos sócios de rendimento para efeitos fiscais, e consequentemente, não ocorrendo a tributação em IRS, gerava-se o **fenómeno oposto** ao da dupla tributação que o CIRC quis eliminar.

Neste caso e na ausência de qualquer deliberação de distribuição de lucros, o benefício da actividade profissional não seria tributado nem em sede de IRC nem em sede de IRS.

Em sede de IRC, por força do regime de isenção do art. 12.º e em sede de IRS por ausência de rendimento tributável emergente da inexistência do impulso societário na imputação de rendimentos.

Assim, independentemente da opção das sociedades de advogados relativamente à distribuição dos lucros – que no domínio fiscal perde clara importância – o benefício gerado no exercício da actividade profissional é obrigatoriamente imputado ao sócio para efeitos de tributação em IRS.

O esquema de imputação, diz a lei, será efectuada *"aos sócios ou membros nos termos que resultem do acto constitutivo das entidades aí mencionadas, ou, na falta de elementos, em partes iguais"* – art. 6.º n.º 3 do CIRC.

De acordo com este preceito, que tem profundas implicações práticas, a lei apenas consente dois critérios de imputação de rendimentos: a repartição do lucro deverá obedecer (i) aos critérios que tiverem sido instituídos no acto constitutivo, isto é, no pacto social da sociedade de advogados, ou, não existindo qualquer regra neste domínio, (ii) deverá ser distribuído em partes iguais.

Importa antes de mais afirmar que a expressão *"partes iguais"* que resulta do elemento literal do art. 6.º n.º 3 do CIRC, terá de ser necessariamente interpretada no sentido de que, na falta de estipulação contratual, o rendimento é imputado na proporção que cada sócio detém no capital social.

Para além de *contra natura*, seria *contra-legem* uma interpretação que determinasse a imputação de rendimentos em partes iguais, em sentido objectivo, sem ter em linha de conta a titularidade do capital social, pelo que, a regra em causa não impõe uma distribuição proporcional ao número de sócios, mas uma distribuição em sintonia relativamente às participações que cada sócio detém no capital social.

Trata-se de uma regra supletiva que opera, de acordo com o CIRC, nos casos de ausência de regulamentação do *"acto constitutivo"*.

Nesta matéria a lei parece ter sido clara: a regra de distribuição de lucros da sociedade de advogados terá de obedecer, se os sócios assim o entenderem, ao modelo instituído no acto constitutivo da sociedade de advogados.

A redacção do preceito levanta, contudo, uma dúvida com repercussão no plano do apuramento do imposto junto dos sócios: será possível um **terceiro critério** que radique numa deliberação societária e que determine a imputação de lucros de forma assimétrica à proporção de cada sócio no capital social perante a ausência de estipulação do pacto social?

O problema ganha expressiva acuidade nas sociedades de advogados de maior dimensão, ou nas sociedades de advogados em que o contributo do sócio é susceptível de variar em cada ano económico, decorrente, por exemplo, da circunstância do profissional abrandar o seu contributo na sociedade em resultado de outras solicitações relacionadas, nomeadamente, com o ensino ou a nomeação para cargos públicos.

Nesta hipótese, que a prática revela ser frequente, o contributo do sócio varia de ano para ano e é induzido por factores imprevisíveis, designadamente, aquando da constituição da sociedade.

Ora, sendo as sociedades de advogados realidades dinâmicas e versáteis, a interpretação da lei terá de se ajustar á sua natureza, desde que esteja assegurado o propósito do legislador de imputar a totalidade dos rendimentos aos respectivos sócios.

Cumprido este desígnio, que evitará que franjas de rendimentos escapem à tributação, a imputação do rendimento poderá, na nossa perspectiva, ser concretizada em cada ano, de acordo com a distribuição que os sócios entenderem, tendo em conta a efectiva participação de cada profissional na formação do lucro da sociedade.

Esta solução ultrapassa a rigidez de um critério estático que, cristalizado no tempo, não atenta nas vicissitudes da actividade societária, e permite, com respeito pela autonomia da sociedade, sintonizar a imputação do rendimento com a *indústria* ou contributo efectivo de cada sócio.

Contudo, o art. 6.º n.º 3 do CIRC *parece* impedir esta solução de distribuição ponderada em cada exercício e variável em cada ano económico, ao estabelecer que a imputação será feita de acordo com o que *"resultar o acto constitutivo"*.

Trata-se, contudo, de uma norma que, interpretada de harmonia com o propósito do regime da transparência fiscal e a economia das sociedades de advogados, não poderá excluir um critério de decisão casuística, tendo em conta os elementos que aqui versamos.

Dito de outro modo: a norma em causa, sob pena de afrontar o espírito do legislador, não pode impedir uma imputação que acolha o desempenho do sócio em cada ano e muito menos não pode impedir que a sociedade decida por uma distribuição assente na efectiva participação do sócio na formação do respectivo lucro.

Será, assim, possível instituir um critério no *"acto constitutivo"* que remeta para um regulamento interno da sociedade de advogados e que preveja a forma de distribuição do lucro, ou ainda, será igualmente admissível instituir um critério no pacto social que remeta para uma deliberação da sociedade, em cada ano, relativa à distribuição do lucro, desde que se estabeleçam regras mínimas relativas ao critério de imputação do rendimento.

De outra forma, corria a lei fiscal o risco de promover uma imputação contrária aos interesses efectivos dos sócios da sociedade de advogados e que o efeito de neutralidade não deve contrariar.

2.5. A natureza do regime

Como evidenciamos no capítulo antecedente, o regime da transparência fiscal foi instituído com a finalidade de eliminar a dupla tributação económica dos rendimentos, justificando-se no caso concreto das sociedades de advogados face à inexistência de uma verdadeira autonomização da sociedade relativamente aos sócios.

Contudo, apesar do objectivo genérico do legislador e do espírito de neutralidade que o animou na concepção deste regime, não podemos afirmar definitivamente que, em todas as circunstâncias, o regime da transparência fiscal seja mais eficiente do que o regime geral, que tributa as sociedades em IRC, e o lucro distribuído em IRS [no caso de se tratar de pessoa singular].

HIPÓTESE A

LUCRO TRIBUTÁVEL APÓS CORRECÇÕES FISCAIS (matéria colectável)	2009
	171.461,58

REGIME DE TRANSPARÊNCIA FISCAL – ART. 6.º N.º 1 CIRC			
Imputação de rendimentos Categoria B	Sócio A (50%)	Sócio B (25%)	Sócio C (25%)
1 Rendimento líquido imputado	85.730,79	42.865,40	42.865,40
2 Tx liq. de IRS (Colecta Líquida/ /Rend. Bruto) – valor arredondado a 2 casas decimais	0,24	0,21	0,27
3 Imposto Ano 2009, relativo Categoria B	20.952,61	8.947,40	11.567,33
4 Imputação "virtual" IRC Tributação Autónoma	1.447,67	723,83	723,83
5 Total Imposto ANO 2009	22.400,27	9.671,23	12.291,16

REGIME GERAL DE TRIBUTAÇÃO				
IRC a pagar (25% x Matéria Colectável)	42.865,40			
Derrama (1,5% x Matéria Colectável)	2.571,92			
Tributação Autónoma	2.895,92			
Total Impostos pagos pela Empresa	48.332,65			
Distribuição de Dividendos (100%)	Sócio A (50%)		Sócio B (25%)	Sócio C (25%)
1 Dividendo distribuído (distribuição integral do Resultado Líquido)	56.568,76		28.284,38	28.284,38
2 Retenção na Fonte de IRS (20%) – tx. Liberatória	11.313,75		5.656,88	5.656,88
3 Imputação "virtual" IRC	24.166,32		12.083,16	12.083,16
5 Total Imposto ANO 2009	**35.480,08**		**17.740,04**	**17.740,04**

Pressupostos:
– Resultado antes de impostos = 161.470,17€
– Estimativa de imposto = 48.332,65€
– Resultado Líquido do Exercício = 113.137,52€

QUADRO RESUMO DE DIFERENÇAS – *Transparência Fiscal versus Regime Geral* –	
Rendimento Líquido Imputado (Transparência Fiscal)	171.461,58
Rendimento Líquido Imputado (Regime Geral) – Com distribuição integral dos Dividendos	113.137,52
Diferença Rendimento	**58.324,06**
Total Impostos (Transparência Fiscal)	44.362,66
Total Impostos (Regime Geral) – Com distribuição integral dos rendimentos	70.960,15
Diferença Impostos	**-26.597,49**

Nesta hipótese os elementos da *"Sociedade de Advogados"* pagariam € 44.362, 66 de impostos no regime da transparência fiscal, por oposição ao regime geral [IRC + IRS] que determinaria um total de € 70.960, 15, com distribuição integral de dividendos.

HIPÓTESE B

LUCRO TRIBUTÁVEL APÓS CORRECÇÕES FISCAIS	2009
	308.071,35

REGIME DE TRANSPARÊNCIA FISCAL – ART. 6.º N.º 1 CIRC		
Imputação de rendimentos Categoria B	Sócio A (50%)	Sócio B (25%)
1 Rendimento líquido imputado	154.035,68	154.035,68
2 Tx liq. de IRS (Colecta Líquida/Rend. Bruto) – Taxa Máxima	0,42	0,42
3 Imposto Ano 2009, relativo Categoria B	64.694,98	64.694,98
4 Imputação "virtual" IRC Tributação Autónoma	1.238,82	1.238,82
5 Total Imposto ANO 2009	**65.933,80**	**65.933,80**

Pressupostos:
- Resultado antes de impostos = 310.548,98 €
- Estimativa de imposto = 84.116,54 €
- Resultado Líquido do Exercício = 226.432,44 €

REGIME GERAL DE TRIBUTAÇÃO		
IRC a pagar (25% x Matéria Colectável)		77.017,84
Derrama (1,5% x Matéria Colectável)		4.621,07
Tributação Autónoma		2.477,63
Total Impostos pagos pela Empresa		**84.116,54**
Distribuição de Dividendos (100%)	Sócio A (50%)	Sócio B (50%)
1 Dividendo distribuído (distribuição integral do Resultado Líquido)	113.216,22	113.216,22
2 Retenção na Fonte de IRS (20%) – tx. Liberatória	22.643,24	22.643,24
3 Imputação "virtual" IRC	42.058,27	42.058,27
5 Total Imposto ANO 2009	**64.701,51**	**64.701,51**

QUADRO RESUMO DE DIFERENÇAS – Transparência Fiscal versus Regime Geral –	
Rendimento Líquido Imputado (Transparência Fiscal)	308.071,35
Rendimento Líquido Imputado (Regime Geral) – DividendosCom distribuição integral dos Dividendos	226.432,44
Diferença Rendimento	**81.638,91**
Total Impostos (Transparência Fiscal)	131.867,60
Total Impostos (Regime Geral)Com distribuição integral dos Dividendos	129.403,03
Diferença Impostos	**2.464,57**

Neste caso, os elementos integrantes da sociedade de advogados pagariam, enquadrados na transparência fiscal, cerca de €131.867,60 de impostos enquanto que no regime geral pagariam um total de impostos [IRC + IRS] de € 129.403,03, pressupondo distribuição integral de dividendos.

Com este modelo comparativo o que se pretende demonstrar é que **não é absolutamente definitivo** que o regime da transparência fiscal seja mais eficiente em todas as hipóteses do que o regime geral que determina, como dissemos, a tributação em IRC e, numa segunda fase, aquando da distribuição de dividendos a título de IRS.

Por outro lado há a considerar um segundo factor: nos ensaios que utilizamos tomamos como pressuposto que a sociedade tinha deliberado distribuir integralmente os lucros. Mas pode ocorrer que a sociedade tenha interesse, para fortalecer as suas reservas ou realizar investimentos, em não distribuir dividendos, ou pelos menos não distribuir a totalidade dos dividendos.

Se estiver enquadrada no regime da transparência fiscal, a decisão é irrelevante, dado que, como observamos, a imputação ocorrerá independentemente da vontade dos sócios; estando enquadrada no regime geral, os lucros não distribuídos não tem efeitos tributários, o que permite ás sociedades orientarem a distribuição dos fluxos de acordo com as suas perspectivas de crescimento, investimento e sustentabilidade, decisão que é absolutamente neutral do ponto de vista fiscal.

Daqui flui que estando as sociedades de advogados sujeitas ao regime da transparência fiscal e não sendo a constituição de reservas reconhecida pelo sistema fiscal, ocorre uma clara limitação ao direito de decisão dos sócios e á liberdade de opção relativamente ao modelo de gestão e crescimento.

Neste contexto, a sujeição pela sociedade de advogados ao regime da transparência fiscal deveria ser **opcional**, e em resultado de uma exclusiva decisão dos sócios e por uma questão de eficiência fiscal. É de resto o que ocorre com os demais regimes de tributação que têm natureza supletiva, designadamente o *regime geral vs regime simplificado de tributação* tratando-se de uma solução que colhe o conforto da mais autorizada doutrina.

Conforme defende Casalta Nabais, *"do princípio de Estado Fiscal deriva a liberdade de as empresas escolherem as formas de actuação menos onerosas possíveis do ponto de vista fiscal. E numa tal liberdade integram-se também as possibilidades de praticar actos ou celebrar negócios jurídicos com o principal ou mesmo único objectivo de reduzir ou eliminar impostos"* – Lições de Direito Fiscal, Almedina, 4.ª edição, pag. 227.

Nos mesmo sentido Saldanha Sanches: *"(…) a lei fiscal não pode criar qualquer impedimento à busca pelas partes contratuais das soluções que, dentro do largo quadro decisório que lhes é dado pelo normal exercício da autonomia privada, lhes pareçam mais adequadas para a prossecução dos seus interesses juridicamente tutelados (…)"* – Os Limites ao Planeamento Fiscal; substancia e forma no Direito Fiscal Português, comunitário e Internacional, Coimbra Editora, pag. 167

No caso especifico das sociedades de profissionais e da transparência fiscal o regime tem natureza impositiva: desde que reunidas as condições e pressupostos previstos no art. 6.º do CIRC, as sociedades ficam irremediavelmente sujeitas ao regime de transparência fiscal, pelo que a tributação do rendimento, no caso de se tratarem de sociedades de advogados, será efectuada de acordo com as disposições conjugadas nos artigos 6.º e 12.º do CIRC e 19.º do CIRS.

Embora esta conclusão não resulte literalmente do art. 6.º do CIRC, parece ser, pelo menos no nosso entendimento, a solução que resulta da economia do respectivo regime, tanto mais que se trata de uma norma que congrega realidades da incidência tributária, estando inseridas no capítulo I do CIRC sob a epígrafe **Incidência**. E tratando-se de uma norma de incidência, os efeitos do seu regime têm uma natureza impositiva.

À vista desta conclusão, é censurável a solução do legislador que eliminou a *auto-determinação* fiscal das sociedades de advogados, sujeitando-as inexoravelmente ao regime da transparência fiscal.

Censura que é especialmente enfatizada pela circunstância do regime jurídico das sociedades de advogados não permitir contrariar o regime.

De facto, na generalidade das sociedades de profissionais a lógica impositiva do art. 6.º do CIRC é facilmente contornável: basta que se introduza como sócio uma pessoa singular que não exerça a actividade profissional a que se dedicam os demais sócios. Neste caso e por não respeitar a regra do art. 6.º n.º 4 a) do CIRC, a sociedade fica afastada da transparência fiscal e sujeita ao regime geral.

Assim, à generalidade das sociedades de profissionais é possível contrariar a lei, através de soluções que o próprio regime jurídico consente e que a lei fiscal não afastou.

Contudo, no caso concreto de que nos ocupamos, o art. 5.º do D.L. 229/2004, de 10 de Dezembro, que define o regime jurídico das sociedades de advogados, impõe que *"as participações em sociedades de advogados são obrigatoriamente nominativas e só podem ser detidas por advogados inscritos na Ordem dos Advogados"*.

Esta solução não permite que um *"não advogado"* integre uma sociedade de advogados, impedindo consequentemente que se obtenha por meios alternativos um desvio ao regime de transparência fiscal.

É certo que não é este o caminho que defendemos: sustentamos, por uma questão de transparência, que a lei fiscal deveria ser alterada ou aclarada no sentido de flexibilizar o regime, tornando-o optativo.

Todavia, o que pretendemos deixar expresso no domino das sociedades de advogados, é que se tratam de sociedades em que é vedada a integração como sócio de um profissional que não esteja inscrito na Ordem dos Advogados, ocorrendo assim uma limitação *indirecta* da autonomia fiscal da sociedade, por contraposição às demais sociedades de profissionais.

A título de exemplo, veja-se a alteração *"cirúrgica"* introduzida no estatuto dos ROC's que, no art. 96.º n.º 1 estabelece que *"os sócios da sociedade de revisores podem ser os revisores inscritos na respectiva lista **e não revisores** de contas que possuam licenciatura num das matérias que compõem o programa de exame de admissão à Ordem"*.

Trata-se de um mero exemplo que reflecte os efeitos da natureza do regime fiscal da transparência fiscal, e que no caso das sociedades de advogados induz uma especial limitação da autonomia fiscal dos sócios.

Por isso defendemos que a lei fiscal deveria ser alterada no sentido de enquadrar o regime da transparência fiscal numa lógica de opção, com respeito pela liberdade dos contribuintes, tendo em conta o compromisso de neutralidade fiscal e o combate contra a dupla tributação económica dos rendimentos.

Mas também não afronta a nossa consciência se admitirmos uma alteração do Regime Jurídico das Sociedades de Advogados no sentido de permitir que se acolha como sócio uma pessoa singular que, não estando inscrita na Ordem dos Advogados, desenvolva uma profissão qualificada, com aptidão técnica para colaborar numa sociedade de advogados.

Diríamos que, neste caso, cumpriu a Ordem dos Advogados um princípio que o legislador fiscal desrespeitou: o Direito á Liberdade [fiscal] do Advogado.

E. A GESTÃO DE SOCIEDADES DE ADVOGADOS

Pedro Rebelo de Sousa[*]

I. Da evolução

Depois de 17 anos a coordenar um Escritório de advocacia em Portugal e tendo participado, nos últimos 4 anos, no Board de uma das City Law Firms (bem como do seu Comité de Aprovação de Candidatos a Sócios), verifico que o mundo que conheci no início da minha carreira, em particular como director jurídico de uma multinacional no Brasil, se veio alterando de forma substancial, em particular na última década. Assim, os grandes desafios com que se depara a gestão actual dos Escritórios de Advogados são os resultantes do:

- revisitar do paradigma estrutural anglo-saxónico da empresarialização da advocacia, em paralelo com os consultores//auditores;
- revisitar da respectiva estratégia, tentando responder à internacionalização/globalização da economia, assegurando uma visão e posicionamento estratégicos claros;
- reavaliar dos planos de carreira dos advogados e respectivos sistemas de compensação à luz das variáveis acima mencionadas e do que constituem as características sócio-comportamentais das novas gerações, do forma a garantir o talento do capital intelectual.

---

[*] Sociedade Rebelo de Sousa e Advogados Associados RL

Quanto ao primeiro exercício convém recordar que o modelo anglo-saxónico, com tradição centenária, seja na Inglaterra seja nos Estados Unidos, se alicerçou em três factos que permaneceram quase imutáveis durante o Século XX: a predominância do inglês como a língua dos negócios e do direito anglo-saxónico como *lex mercatoria* por excelência; e a pujança das economias americana e dos países da Commonwealth, em particular no mundo financeiro, tornando essa hegemonia ou preponderância como quase incontornável, sobretudo na advocacia empresarial.

A expansão multinacional pós 2.ª guerra veio naturalmente dar maior expressão a tal preponderância.

As jurisdições do chamado direito continental europeu ou de raiz nesse mesmo direito acabaram por tentar responder a esse desenvolvimento por via da constituição de escritórios dimensionalmente preparados para atender às várias valências de direito e, consequentemente, reproduzir a natureza empresarial das sociedades anglo-saxónicas. Iniciando-se tal movimento na década de 60 do século passado em países como a Espanha e a França, espalhou-se a outros Continentes como a América Latina, no Brasil e México e, mais tarde, Argentina, Venezuela e Chile.

As décadas subsequentes vão levar tal tendência a outras jurisdições, como sucedeu em Portugal já na década de 80. Tudo, no fundo, girando à volta dos conceitos de institucionalização, especialização, profissionalização da actividade e tendente internacionalização, atentas as necessidades que o desenvolvimento dos negócios dos clientes ia impondo. Tais elementos acabavam por, de certa forma, chocar nas jurisdições não anglo-saxónicas com aspectos de índole cultural e comportamental dos advogados, mais presos a um conceito de profissional liberal do que a de um elemento de uma sociedade, a qual prevalece sobre os interesses dos projectos pessoais de cada um dos sócios.

II. Dos Desafios de gestão

1. *Operacionais e estruturais*

A sofisticação em termos de mecanismos de gestão das sociedades de advogados acabou por se operar no final do século XX quando a dimensão impunha instrumentos de gestão financeira, estrutura operacional (com destaque para os sistemas de informação), controlo de riscos e definição estratégica. A sofisticação atingida pelos consultores e pelas auditoras só chega às sociedades de advogados anglo-saxónicas anos após as mesmas se aperceberem que o mercado em que operam tem limitações e a formulação estratégica se torna essencial para poder sobreviver à competitividade que entretanto se instalou.

No entanto, é uma sofisticação ainda muito presa a aspectos culturais que fazem com que poucas sejam as sociedades de advogados que são administradas por gestores profissionais, cabendo ainda uma esmagadora parcela da gestão a sócios que acabaram por se afirmar dentre os seus pares como os de maior sucesso na sua actividade, mas que não necessariamente reúnem as condições essenciais para exercer a gestão no sentido dos melhores interesses da sociedade.

Eis o primeiro aspecto que, creio, está a ser objecto de reformulação. Terá que haver sempre um compromisso entre a participação de sócios na formulação de estratégia, políticas e na própria gestão do quotidiano, sócios esses que reúnam a legitimidade consagrada pelo voto dos seus pares; mas, para além deles, toda uma estrutura de administração, que leve em linha de conta o grau de complexidade empresarial que as sociedades já atingiram, deve ser desenvolvida.

Por outro lado, a dimensão do negócio acabou por vir a colocar, tal como aos consultores e auditores, a questão das fontes de financiamento e de detenção do capital (quiçá por não profissionais como forma substitutiva ao financiamento bancário[1]) para o apoio das

---

[1] Temática muito discutida no Reino Unido e na Espanha

respectivas actividades, em particular quando de financiamento de projectos ou de expansão se trate. É, pois, uma equação difícil, uma vez que o modelo de rentabilidade desenvolvido ao longo de décadas assenta na extrema produtividade dos profissionais desde os anos pós-estágio até atingir o estatuto de sócio e nele permanecer durante década e meia. Tal sistema, assente numa rotatividade e na inevitável reforma entre os 55 e os 60 anos (permitindo acesso à sociedade por duas décadas dos mais jovens que se perfilam entre os 35 e os 40 anos), deixa questões em aberto como a do financiamento da expansão em detrimento da necessária rentabilidade, assim permitindo não haver soluções de continuidade nesse percurso quase inexorável da carreira dos advogados nas sociedades anglo-saxónicas. Acresce, ainda, o difícil compromisso entre a geração contínua de clientes e/ou manutenção da carteira existente, índices de rentabilidade elevados sem compromisso da qualidade da prestação de serviços realizada e a dedicação à institucionalização do projecto *versus* rotatividade do advogado na sua vida profissional.

Neste contexto e no da crescente sofisticação da gestão das sociedades de advogados eis um punhado dos principais desafios que a mesma gestão deve enfrentar:
1. o cumprimento de metas orçamentais, no contexto de uma desejável contabilidade analítica, das várias áreas de exercício de direito dentro da sociedade o que implica a definição de objectivos quantificáveis e avaliações formais do desempenho dos advogados e administrativos que levem em conta a performance qualitativa (satisfação do cliente, reconhecida qualidade, deontologia, contributo à instituição seja promocional, seja organizativo, etc.) a par da quantitativa;
2. a implementação de ferramentas poderosas de IT que permitam monitorar esses objectivos, com respeito pela linguagem e técnicas de gestão deste tipo de actividade;
3. o equilíbrio na alocação de atribuições entre os sócios eleitos para cargos de gestão *rationae* a respectiva capacidade e estruturas de *governance* adequadas;
4. a consensualização das métricas de desempenho, tendo como as mais consagradas:

- PPR *profit per partner* – lucro por Sócio
- PPLP *profit per lockstep position* – quando se tem um lockstep modificado, o lucro por ponto de lockstep
- ABR *average billing rate* – média de taxa horária facturada
- Número de horas facturáveis e facturadas
- Rentabilidade por área de prática/cliente/advogado
- Margem bruta de contribuição (após custos directos)
- Ratio de utilização (horas facturáveis anuais vs orçamento)
- Ratio de realização (rate médio vs standard)
- Alavancagem (número de advogados por sócios)
- Lock up (período que medeia entre abertura de dossier e o recebimento dos honorários referentes ao mesmo)

A par das anteriores, novas métricas de desempenho, como a capacidade de angariação e desenvolvimento de clientes, de cross-selling e outras, estão a emergir como formas de diferenciar e valorizar os contributos que diferentes perfis de sócios e associados podem dar às sociedades;
5. a definição do custo dos serviços e de mecanismos de comercialização dos mesmos, atento o cenário gradualmente exigente por parte dos clientes (e a falência gradual do modelo de facturação horária):
6. a sofisticação de áreas de arquivo de minutas, pareceres, memoranda, doutrina formando um bem estruturado banco de know how facilmente consultável;
7. o desenvolvimento de Departamentos de Comunicação e Marketing, respeitados os limites impostos legalmente e pelas regras deontológicas que naturalmente se aplicam.

Para mais e num paralelo com actividades como os bancos de investimento ou até outros profissionais liberais como os médicos, há uma indesmentível vertente sócio-comportamental que, esbatida nas jurisdições anglo-saxónicas, acaba por ter forte expressão sobretudo nas de raiz latina – uma actividade muito centrada no indivíduo e na sua eventual capacidade de liderar equipas.

2. Estratégicos

Como em qualquer outra entidade, uma sociedade de advogados tem que procurar encontrar a sua vocação em termos de espectro de actuação e clientela-alvo, isto é, em termos estratégicos.

Só assim se definem investimentos, áreas de desenvolvimento (seja de direito seja de sectores económicos) e actuação focalizada.

Outro elemento, ainda, é o de reavaliar a estratégia de internacionalização algo imposta pela internacionalização dos próprios clientes. Também aqui haverá que levar em conta seja a dimensão critica da sociedade, seja o potencial de desenvolvimento de actividades que tal internacionalização poderá suscitar. Noutras palavras, dificilmente uma sociedade de advogados que tenha uma facturação inferior a 500 milhões de euros poderá ambicionar a uma actuação global por uma questão básica de dimensão crítica dos serviços de apoio e dificuldade de recursos para fazer face às várias exigências que uma tal estratégia exige (abrir um escritório em Moscovo versus aumentar uma prática na China ou desenvolver a América Latina). De outra sorte, fará pouco sentido a um escritório nos dias de hoje apresentar uma estratégia meramente reactiva aos desejos dos seus clientes, eles próprios voláteis e muito dependentes de estratégias pontuais/oportunísticas. Daí que a estratégia de internacionalização operada durante os anos 60 a 80 por sociedades americanas e inglesas tenha hoje que ser reavaliada à luz quer das alterações operadas nas estruturas decisionais dos respectivos clientes quer nas próprias prioridades que entretanto se vão estabelecendo dentro da própria sociedade de advogados.

Claramente uma sociedade de advogados vocacionada para atender grandes multinacionais ou empresas de porte nos seus países tem que interagir com as estruturas jurídicas internas das mesmas, elas próprias com critérios diferenciados quanto à selecção da assessoria jurídica nas várias jurisdições: desde a estratégia da escolha por painéis pré-seleccionados até à da opção casuística por valências específicas, incluindo mesmo *boutiques*, encontra-se de tudo.

Assim, a internacionalização tem muito a ver com o tipo de estrutura actual e aspiracional, clientela base e clientela alvo, e aspectos de ordem cultural e histórica que acabam por influenciar igualmente essa mesma internacionalização. Desde os modelos de alianças, mais ou menos exclusivas, até *networks* de mera recomendação de clientes e de convívio sócio-profissional ou estruturas mais ou menos integradas, há todo um leque de modelos que pretendem dar resposta a essa necessidade de internacionalização que hoje passa, não só pela criação de estruturas de atendimento a clientes, mas também por mecanismos de formação e de treino de profissionais que tenham verdadeiramente uma visão internacional e uma capacidade de resposta pluridisciplinar e com parâmetros qualitativos internacionais às crescentes exigências da clientela empresarial de índole multinacional e até nacional/regional[2].

Cabe aqui referir que, a um nível menos internacional e mais regional, temos estratégias como a das sociedades espanholas que tentam estender a sua presença no mundo íbero-latino-americano com simbólicos escritórios de representação nas capitais financeiras (N.Y. e Londres) ou na China (Pequim) ou ainda a expansão de certas francesas e alemãs à Europa de Leste e Oriente.

Tais estratégias só competem muito parcialmente com as das grandes firmas americanas e inglesas e traduzem a tentativa de seguir os clientes dos países-base para certos destinos.

Em particular a expansão ibérica é muito confinada a clientes espanhóis e com embrionária cultura internacional.

Em complemento de tudo isto terá que haver uma estrutura de Business Development e de Marketing e Comunicação que acompanhe e monitore a implementação de um plano estratégico.

Por outro lado e independentemente da dimensão da sociedade, a crise económico-financeira dos dois últimos anos veio tornar ainda

---

[2] Não é por acaso que as grandes sociedades portuguesas têm tentado desenvolver uma estratégia lusófona, centrada numa vantagem competitiva decorrente de afinidades linguísticas e de matriz jurídico-legislativa.

mais evidente a necessidade que já anteriormente se vinha a desenhar, das sociedades de advogados desenvolverem uma visão estratégica clara e definirem e prosseguirem persistentemente um posicionamento alvo pretendido. Este tipo de reflexão e definição estratégica leva ao realinhamento dos processos comerciais e dos sistemas de gestão, com uma grande focalização no cliente, nas suas necessidades e expectativas e, ao nível interno, a uma grande atenção aos sistemas de desenvolvimento e compensação do capital humano da firma, incluindo e desde logo os próprios sócios, de forma a reflectirem de forma adequada os objectivos estratégicos da firma.

3. De Recursos Humanos

Por último, a reavaliação dos planos de carreira torna-se um imperativo face ao questionamento recentemente realizado sobre o modelo de "produção em série de sócios" e busca de mecanismos de atracção e retenção de talentos. Uma estrutura institucionalizada corresponde aos anseios das gerações mais novas e de outra sorte acomoda a natural ansiedade das gerações mais velhas hoje confrontadas com uma certa falência de muitos dos sistemas de segurança social e com a necessidade (vontade em muitos casos) de desenvolver a sua actividade para além do limiar dos 55/60 anos, limiar esse crítico, como acima referi, para permitir que o sistema mantenha a sua lógica estrutural e financeira.

Também a ideia de que as gerações mais novas estariam dispostas a sacrificar um determinado padrão de qualidade de vida em benefício de uma carreira é algo que tem vindo a ser gradualmente discutido como uma realidade a ser compaginada no âmbito de novas estruturas geracionais que privilegiam um maior equilíbrio entre o rendimento e a qualidade de vida.

Há, assim, que definir que tipos de estrutura de remuneração se pretende – desde a agressiva *eat what you kill* (potenciadora de crescimento rápido e das qualidades de angariação, mas desagregadora do espírito societário e da especialização), lockstep puro ou modificado, percentagem de lucros alocada ao desempenho do exercício ou ainda a combinação destas diferentes estruturas. Em qualquer caso, é imperativo alinhar os sistemas de compensação com o desempenho e com o valor criado.

Para além deste tipo de definição há que ressaltar questões como a do estatuto do advogado associado das sociedades (em termos laborais) com tudo o que tal comporta em sede de enquadramento institucional, possibilitando o acesso a factores de retenção e conforto v. g. planos de seguro e outros benefícios.

Em paralelo, cumpre desenvolver toda uma política/programa de formação sócio-profissional para advogados e administrativos com valências especificamente de especialização nas áreas de actuação prioritárias e outras metas profissionais nos domínios comportamentais, comunicacionais, de gestão, etc.

Acresce a tendência, sobretudo no universo anglo-saxónico, do outsorcing dos serviços menos especializados ou que não exijam contacto directo com o cliente (os chamados produtos "comoditizados"), utilizando modernas tecnologias informáticas e jurisdições com mão-de-obra mais barata (v.g. minutas contratuais elaboradas na Índia para Londres).

III. Conclusão

Dito isto sobre as grandes tendências que pude observar nos últimos anos em termos de gestão de sociedade de advogados, há algo, no entanto, que julgo irreversível – a afirmação do princípio da especialização como garante de um projecto que não se confina à mera prática individual, necessariamente limitativa e limitada quer no seu desenvolvimento, quer nos recursos subjacentes. A institucionalização que implica sobreposição dos interesses institucionais aos dos diferentes sócios para partilha de um projecto comum, com tudo o que tal implica a nível estrutural e comportamental. A especialização enquanto garante da plena realização do profissional que depende gradualmente da sua valorização focada num campo de actividade que elegeu como o seu, da satisfação do cliente, que recebe o serviço claramente mais qualificado e garantidamente mais permeável à equação de custo/benefício que qualquer cliente pretende atingir e, finalmente e como resultado destas duas, a afirmação do projecto vencedor quer do prisma do crescimento e afirmação daqueles que o constituem, quer da respectiva sustentabilidade com referência aos clientes actuais e potenciais quer, ainda, com relação à respectiva rentabilidade e robustez financeira.

Esta especialização implica, necessariamente, uma gestão departamentalizada que deve ter a respectiva tradução e suporte na contabilidade analítica. De outra forma, as ineficiências organizacionais e disputas societárias são, da minha experiência, inevitáveis.

Esta nova realidade deve assumir-se perante o seu enquadramento socio-económico com tudo o que tal comporta, mormente face ao interface institucional com organizações de classe e toda uma responsabilidade social que deve ser assumida seja por via de trabalho *pro bono* seja de outros modos de intervenção cívica.

Apenas uma última palavra de precaução – independentemente da dimensão, uma sociedade de advogados deve ser encarada como uma empresa, que efectivamente é, com pessoas que dedicam o seu quotidiano ao desenvolvimento da mesma e que deve ter um compromisso ético-social irrenunciável decorrente da sua actividade. Por esta razão não deve haver lugar a amadorismos ou menos profissionalismo no tratamento dos aspectos que acima tentei identificar.

F. GESTÃO DO CONHECIMENTO NAS SOCIEDADES DE ADVOGADOS

Cristina Mendes Pires[*]

O que é a Gestão do Conhecimento?

O conhecimento é como um iceberg: só se vê a parte que está à tona pois o resto, a maior parte, está "guardada" nos nossos cérebros.

No mundo da advocacia, o conhecimento manifesta-se nas opiniões que damos, nos documentos que produzimos, nos estudos que publicamos, nas peças processuais produzidas e no aconselhamento jurídico que o Advogado presta aos seus clientes. No entanto, esta é a parte visível do conhecimento, pois a experiência e o *know-how* de cada Advogado reside no próprio.

O Advogado "vende" conhecimento – o seu conhecimento do mundo das leis e a sua *expertise* na matéria. Neste sentido o conhecimento é um bem. Mas o conhecimento também é uma fonte, já que o Advogado bebe o conhecimento explicitado por outros (em leis, livros, doutrina, jurisprudência, etc.) para ele próprio formar as suas ideias e emitir o seu juízo sobre determinada matéria.

Assim, e para qualquer organização, o conhecimento é um bem essencial e simultaneamente uma fonte que precisa de ser gerida com o objectivo de maximizar o valor produzido.

---

[*] Sérvulo & Associados – Sociedade de Advogados RL

A Gestão do Conhecimento ("*Knowledge Management*" ou "KM") visa precisamente permitir o acesso e a partilha do conhecimento gerado numa organização, dando visibilidade, consolidando e classificando o conhecimento de forma a permitir o acesso ao conhecimento certo, no sítio certo e em tempo útil.

Gestão do Conhecimento nas Sociedades de Advogados

Numa era de constante mudança em que as empresas rapidamente adaptam a sua forma de trabalhar às novas tecnologias e criam novos processos de trabalho, o mundo da Advocacia tem-se revelado tipicamente conservador e resistente à mudança. A introdução de um sistema de Gestão de Conhecimento numa Sociedade de Advogados implica uma mudança no comportamento típico do Advogado, bem como uma alteração nas suas rotinas e forma de trabalho, pois está intimamente ligada à utilização de novas ferramentas tecnológicas, de novos processos de trabalho e de uma nova orientação nas funções de alguns colaboradores das firmas.

Sabendo que a Gestão do Conhecimento assenta em (i) pessoas, (ii) tecnologia e (iii) processos, facilmente se percebe que criar um Departamento de Gestão do Conhecimento numa Sociedade de Advogados não é tarefa fácil.

Nos Estados Unidos da América, as Sociedades de Advogados criaram os seus primeiros Departamentos de *Knowledge Management* no início dos anos 90. Na Europa, nomeadamente em Inglaterra, foi já na segunda metade dos anos 90 que as firmas identificaram a necessidade da existência de Sistemas de Gestão do Conhecimento. E porquê? Porque perceberam que era essencial gerir de modo eficiente todo o conhecimento produzido e todo o acumular de informações jurídicas e jurisprudenciais com que o Advogado lida no seu dia a dia. Só com uma gestão própria é que o acesso ao conhecimento se torna fácil, rápido e intuitivo, permitindo (i) uma maior eficiência dos Advogados, (ii) uma uniformização e padronização dos produtos que oferecemos aos nosso clientes e, por fim (iii) uma garantia de qualidade.

Mas como em qualquer sistema que envolve pessoas e tecnologia, a chave para o sucesso de um projecto desta dimensão não existe, pois depende da conjugação de vários factores.

Não pretendendo fazer uma enumeração exaustiva dos factores que contribuem para a implementação de um sistema de Gestão do Conhecimento, entendo que em primeiro lugar tem que ser definida uma estratégia de implementação do sistema de KM.

Saber o que se pretende fazer com a implementação de um sistema desta natureza, para quê, como e quais os benefícios que se pretendem atingir são questões que devem estar bem definidas.

Mas mais... a estratégia de KM tem que ser uma estratégia completamente alinhada com a estratégia da firma.

Vejamos. Sabendo que a definição de uma estratégia de KM passa por vários pilares, identificamos, entre eles, (i) o conhecimento dos objectivos da firma, (ii) a criação de um ambiente propício à partilha do conhecimento, (iii) a percepção nos Advogados, da importância da tecnologia enquanto ferramenta de trabalho que acrescente valor ao trabalho realizado para o cliente e (iv) a sensibilização da necessidade de criação de processos, os quais não pretendem desvalorizar o trabalho de cada advogado mas antes permitir que a informação circule em tempo útil e para as pessoas correctas.

Debrucemo-nos um pouco sobre o primeiro pilar a ter em conta na definição de uma estratégia de KM de sucesso – o conhecimento dos objectivos da sociedade.

O KM visa "gerir conhecimento" tendo como objectivo principal tornar as firmas mais competitivas. Como? Permitindo às pessoas a partilha organizada do conhecimento, i.e., do trabalho intelectual produzido e previamente classificado através da indexação de várias fontes do conhecimento.

Sucede que para tal é absolutamente essencial saber qual o tipo de conhecimento que se quer gerir, quais as matérias que devem ser tratadas, quais as informações que devem ser difundidas e a quem... Ora tal só é eficaz se soubermos onde é que a sociedade quer (ou não) crescer, com que clientes e em que áreas ou ramos de actividade.

É também fundamental o conhecimento das várias áreas de produção das firmas, pois para que um sistema de KM possa ser uma efectiva mais-valia, os membros dos Departamentos de Gestão do Conhecimento devem conhecer as principais fraquezas e os pontos fortes das áreas de prática das firmas em que trabalham, assegurando que as mesmas têm à sua disposição o tipo de fontes do conhecimento e de informação que mais se lhes adequa.

O alinhamento da estratégia de KM com a estratégia da firma e com o conhecimento profundo das áreas de prática, bem como do *core business* dos principais clientes de cada uma revela-se assim primordial na definição de uma estratégia de KM de sucesso.

E quanto aos outros factores? Assumem eles a mesma importância que o acima referido?

Em meu entender, o alinhamento com a estratégia da firma nas vertentes acima referidas é sem dúvida o mais importante pilar a ter em conta na implementação de um sistema de Gestão do Conhecimento. No entanto, todos os restantes factores supra enumerados têm que ser levados em conta, pois deles está igualmente dependente o papel do KM numa organização.

Nas firmas em que esteja enraizada uma cultura de partilha de informação e de know-how, o caminho para o sucesso de um sistema de *Knowledge Management* está, sem dúvida, facilitado. Isto porque a Gestão do Conhecimento visa precisamente permitir a todos o acesso ao *know-how* gerado por todos e por cada um dos Advogados da firma. Sucede que o acesso ao tão referido *know-how* não se faz sem o recurso a sistemas informáticos mais ou menos sofisticados, os quais deverão ser *user friendly*, dotados de bons motores de busca e integrados com o sistema de gestão documental existente na firma. Para o sucesso de uma estratégia de KM é necessário que os advogados vejam a tecnologia como uma aliada e não como algo que, em última instância, até os poderá substituir. Por fim, uma referência à importância da criação de processos que facilitem o fluxo de informação e a aproximação entre os membros os KM (os designados *Professional Support Lawyers*) e os Advogados da sociedade, pois estes são também pilares de uma estratégia de KM.

Organização de Departamento de Gestão do Conhecimento

Um Departamento de KM visa maximizar o valor de cada Advogado e de todos os Advogados ao permitir o acesso rápido ao conhecimento produzido e previamente tratado e classificado. Com o KM, o capital intelectual produzido na firma é consolidado, permitindo aos Advogados a diminuição do tempo de pesquisa e a elaboração de novos conteúdos, trabalhos e documentos com recurso às minutas, *check lists*, templates, documentos padronizados e outras fontes de conhecimento existentes numa Base de KM.

A utilização de um sistema de Gestão do Conhecimento potencia o valor dado ao cliente pois permite uma resposta rápida a questões específicas assegurando simultaneamente padrões de elevada qualidade sem incorrer em custos supérfluos, tornando assim as firmas mais competitivas e permitindo-lhes exceder as expectativas dos seus clientes. Um Departamento de KM tem, em regra, a seu cargo, três diferentes áreas do conhecimento: (i) a manutenção de uma Base de Documentos ou Portal do Conhecimento, (ii) a área da Formação e (iii) a Biblioteca. Em alguns casos é também da responsabilidade do KM a Intranet, se bem que, na grande maioria das vezes, em coordenação com outros departamentos de suporte das firmas. Entrando na análise da primeira vertente do conhecimento abrangida pelo KM, facilmente se poderá concluir que uma Base de Gestão do Conhecimento nasce da percepção de que nem todo o trabalho jurídico produzido num escritório é *rocket science* pelo que o mesmo pode ser duplicado. Neste sentido, o Portal do Conhecimento constitui mais uma ferramenta de trabalho ao dispor dos Advogados que lhes irá permitir o acesso a templates, minutas e documentos padronizados de elevada qualidade, com poupança de tempo, e logo, de custos para a sociedade, já que contribui para uma melhoria da qualidade do trabalho final do Advogado aliada a uma maior rapidez na prestação do serviço requerido. Pelos motivos ora explanados facilmente se conclui que uma Base de Gestão do Conhecimento contribui para uma maior segurança jurídica dos trabalhos realizados já que estes irão ter como ponto de partida os tais documentos padronizados, os quais foram especificamente elaborados para servirem de base a trabalhos futuros. No entanto, a Base de KM deverá ainda reflectir o tipo de conhecimento gerado na sociedade, pelo que devem ser parte integrante da mesma os artigos elaborados por colaboradores da sociedade, a doutrina gerada pela firma e as posições assumidas em questões jurídicas controversas, eliminando, desta forma, o risco de opiniões contraditórias emitidas por Advogados de uma mesma sociedade, conduzindo ao aumento da credibilidade da mesma. Claro que todas estas fontes do conhecimento já existem (ou deveriam existir) num sistema de gestão documental, simplesmente existem numa forma dispersa, pelo que a clara vantagem de existência de uma Base de KM é a organização, sistematização e classificação que ela impregna ao conhecimento gerado na firma, permitindo assim a partilha do *know-how* e simultaneamente a "produção" de mais conhecimento enriquecedor do trabalho do Advogado e, logo, dos seus clientes. Não posso deixar de referir que a estrutura de um Portal do Conhecimento tem tendência a variar de escritório para escritório em razão da sua dimensão, já que esta poderá determinar a sua sub-divisão nas várias áreas de prática do escritório.

Efectivamente, se a dimensão do escritório assim o justificar, a Base contemplará áreas reservadas a cada um dos núcleos, departamentos ou áreas de prática da firma, na qual se poderão encontrar minutas, templates, *check lists*, informações legislativas e jurisprudenciais, artigos, doutrina e todo o tipo de conhecimento específico da área em causa.

Assim, as grandes Sociedades de Advogados Europeias e Americanas têm como que várias Bases de KM dentro de um Portal do Conhecimento. Já nos escritórios de menor dimensão a Base de KM não está compartimentada, sem prejuízo da óbvia organização do *know-how* por taxonomias, índices ou áreas do direito que quase sempre reflectem a estrutura organizacional da firma.

Outra das áreas que é da responsabilidade de um Departamento de Gestão do Conhecimento é a Formação, já que esta é, por excelência, um dos veículos transmissores de *know-how*.

Neste sentido, um Departamento de Gestão do Conhecimento aposta na formação renovada dos Advogados e restantes colaboradores da Sociedade, proporcionando-lhes não só o acesso, já filtrado, a informações sobre cursos, seminários e conferências realizadas no exterior, mas também assegurando a elaboração de um Plano de Formação Interno de qualidade e adaptado às necessidades dos colaboradores. Uma vez que em algumas Sociedades Portuguesas o cumprimento de horas de formação é essencial para a progressão na carreira, os "membros do KM" assumem um papel decisivo pois, em articulação quer com departamentos especialmente vocacionados para a formação, quer com as áreas de prática, eles devem promover a realização de sessões contínuas de formação, de sessões especiais quando tal se justifique, de participação dos colaboradores da sociedade em *workshops* e outro tipo de formações.

Uma referência final sobre esta matéria: nas firmas europeias, nomeadamente em Espanha e Inglaterra, os *Profession Support Lawyers* asseguram a formação dos *trainees* e realizam sessões de formação sobre novidades legislativas.

Neste aspecto, a realidade das sociedades Portuguesas difere ainda um pouco das congéneres europeias, pois na grande maioria das Sociedades de Advogados Portuguesas não são os membros do Departamento de KM que asseguram directamente a formação dos Advogados, antes dando o mote, promovendo e elaborando Planos de Formação com recurso à participação de Advogados da casa e de outros profissionais externos enquanto formadores.

Uma outra área que, em regra, fica sob responsabilidade do Departamento de Gestão do Conhecimento é, pela sua natureza, a Biblioteca. Consistindo o acervo documental em mais uma das fontes do conhecimento, este tem que ser tratado, preservado e posto ao serviço de todos os Advogados, trabalho que incumbe aos documentalistas ou bibliotecários, enquanto membros do Departamento de KM, os quais mantém a base de dados da Biblioteca e fazem a gestão da base de leitores.

Finalmente, uma referência aos membros que compõem um Departamento de Gestão do Conhecimento.

Embora, mais uma vez neste caso não exista, necessariamente, em todas as firmas dotadas de um sistema de Gestão do Conhecimento, uma composição homogénea do Departamento, fazem tipicamente parte desta área de suporte (i) um Director, (ii) os *Professional Support Lawyers* (doravante "PSL") e (iii) os documentalistas ou bibliotecários.

Nas grandes firmas europeias ou dos Estados Unidos, fazem ainda parte de um Departamento de KM os designados *Information officers*, os quais têm a seu cargo a circulação e tratamento de informação de conteúdo jurídico. A definição das funções de cada uma destas categorias varia em número e competências (mais ou menos alargadas), consoante a dimensão do escritório e a elas já se fez referência ao longo do texto.

Especial relevância merece o papel dos *Professional Support Lawyers*, já que em Portugal são um novo tipo de profissionais do Direito. Estes membros da equipa de KM, não trabalhando directamente para o Cliente, dão apoio às áreas de prática e, em regra, estão afectos às mesmas consoante as suas áreas de especialização. O apoio dado aos Advogados passa pela circulação de informação legislativa e jurisprudencial, preparação de templates, documentos tipo, notas práticas e *check lists*, bem como o estudo de questões especificas que lhes sejam colocadas. Cabe ainda aos PSLs a alimentação e manutenção da Base de Conhecimento aqui se englobando a actualização permanente dos documentos inseridos na mesma e das taxonomias ou índices sistemáticos. Os *Profession Support Lawyers* trabalham ainda em estrita ligação com os departamentos de *Business Developement* e Marketing das sociedades.

O Futuro dos Sistemas de Gestão do Conhecimento em Portugal

Um sistema de *Knowledge Management* assume, pela sua natureza, maior relevância nas Sociedades de Advogados de maior dimensão. Efectivamente, quanto maior for o número de Advogados existente numa sociedade, mais disperso fica o conhecimento e logo, maior necessidade existe na sua captura e classificação, sob pena de o mesmo se perder.

No entanto, os benefícios de um sistema organizado de partilha do conhecimento sentem-se igualmente em sociedades de menor dimensão pois as fontes de conhecimento com que o Advogado lida hoje em dia são tantas que urge a necessidade da sua organização.

Foi no início desta década que em Portugal surgiram os primeiros sistemas de KM em Sociedades de Advogados.

A dimensão das nossas sociedades não é comparável à dimensão de outras firmas Inglesas ou Espanholas, o que faz com que a realidade dos sistemas de KM existente nas nossas sociedades (inclusive nas sociedades estrangeiras que marcam presença em Portugal) tenha, a maioria das vezes, uma estrutura dotada de características próprias.

Refiro-me nomeadamente ao número de *profession support lawyers* existente na equipa de KM das Sociedades Portuguesas, ao seu grau de especialização, à ligação, em maior ou menor grau, deste Departamento ao Departamento de Informática e à definição das funções dos membros da equipa de KM.

Aquando da implementação dos primeiros sistemas de KM em Portugal, dúvidas houve na composição dos departamentos e nas habilitações dos seus membros. A experiência realizada ao longo desta década tem vindo a mostrar os benefícios deste sistema com ligação estreita ao aumento de produtividade dos Advogados e à diminuição dos custos das sociedades.

Sou da opinião que a tendência em Portugal será para um aumento do número de sociedades dotadas de sistemas de Gestão do Conhecimento, aumento esse que andará a par com um maior grau de profissionalismo e de lógica empresarial exigidos às Sociedades de Advogados Portuguesas.

Num mercado cada vez mais competitivo, as sociedades têm necessariamente que rentabilizar o trabalho dos seus colaboradores e exceder as expectativas de clientes cada vez mais exigentes, assumindo aqui *Knowledge Management* um papel fundamental na afirmação de uma advocacia de sucesso.

G. A CULTURA NAS SOCIEDADES DE ADVOGADOS

João Vieira de Almeida[*]

"The only thing of real importance that leaders do is to create and manage culture."
(Edgar Schein)

1. Introdução

Este artigo não tem quaisquer pretensões científicas – numa área, a da cultura organizacional, onde quase tudo foi escrito (e por quem sabia da matéria!) – sendo antes a expressão do testemunho e experiência pessoal de quem se preocupa, observa e lida com esta questão há alguns anos, tendo em atenção o enquadramento específico do mercado português.

As referências feitas neste trabalho a sociedades de advogados, que não a VdA, traduzem uma apreciação subjectiva e distanciada de quem não está por dentro de cada uma dessas organizações, podendo por isso nem sempre estarem correctas, do que espero me desculpem. São porém, em todos os casos, fruto do interesse, respeito e admiração que, em graus diferentes mas sempre positivos, todas essas sociedades merecem, por constituírem centros de excelência e de sucesso que contrariam o paradigma – de resistência à mudança e fraca qualidade média – do mundo da Justiça em Portugal.

---
[*] Vieira de Almeida & Associados – Sociedade de Advogados RL

Com efeito, e apesar do ambiente de aversão ao sucesso que caracteriza a vida portuguesa, o caminho trilhado por um largo número de sociedades de advogados nacionais nos últimos vinte anos é absolutamente notável e destaca-se, largamente, do da maioria dos outros operadores da Justiça. É um caminho que em nada desvaloriza outros modelos de prática – em todo o mundo a advocacia se faz sob diferentes formas e a diversas velocidades – e que deveria constituir exemplo e motivo de orgulho, e união, da classe, em vez de alvo da mesquinhez e inveja que hoje infelizmente imperam relativamente às sociedades (e são felizmente muitas!) bem sucedidas.

Em muitos desses casos, os graus de sucesso e a sustentabilidade assentam, em grande parte, na cultura de cada organização e na forma com a mesma é vivida e gerida no dia-a-dia.

2. *Cooltura* & Cultura

A cultura está na moda, mas não é uma moda. É parte integrante da existência e do funcionamento de qualquer organização e constitui um elemento vital para a diferenciação e para o sucesso ou insucesso do grupo. É *"cool"* falar do assunto, mesmo que muitos não façam qualquer ideia daquilo a que corresponde a cultura da sua própria organização, nem tenham a noção das respectivas implicações ou ainda que se confunda a gestão da cultura com actividades de comunicação e imagem, ou de *"branding"*. A proliferação das siglas com que hoje se denominam (e confundem!) as sociedades de advogados, representa uma consciencialização da importância do marketing – se bem que nem sempre muito sofisticado – mas nada diz acerca da preocupação dos gestores com aquilo que é o *DNA* de cada sociedade (e de que a marca é uma pequeníssima parte): a sua cultura enquanto organização.

Há inúmeras definições de cultura organizacional. Todas reflectem a dificuldade de conter e exprimir numa ideia um conceito vago e imaterial, de abrangência indefinida e com inúmeras formas de expressão prática, como veremos.

Pessoalmente, a que mais me agrada é a que define cultura como "a personalidade da organização", porque remete para um conceito que, sendo igualmente complexo e difícil de definir, nos é familiar. A personalidade de uma sociedade de advogados é afinal tudo o que se traduz no seu "comportamento" e na sua "forma de estar" no mundo, seja perante outros advogados ou clientes, seja perante terceiros ou os seus próprios colaboradores ou sócios.[50]

Uma outra definição muito popular é a que reconduz a cultura à "maneira como as coisas são feitas aqui"[51].

Ambas as definições remetem para um conjunto, não restritivo, de valores, credos, processos, percepções, rituais, regras escritas e não escritas que vão sendo (re)criadas ao longo do tempo, à medida que o colectivo vai vencendo os desafios primários da integração de novos membros e da adaptação às exigências do meio.

É o resultado desse esforço permanente de adequação que se traduz no intangível – e muitas vezes subliminar – conjunto de fluxos interligados de informação e acção a que chamamos cultura.

A cultura de uma sociedade de advogados manifesta-se em quase tudo o que é e faz. Mas está sobretudo visível nalguns aspectos fundamentais da organização, de que destaco – numa análise grosseira – três elementos ou categorias que me parecem cruciais:

- Equilíbrios de Poder & Autonomia

    O modelo de formação e de execução de decisões da e na sociedade, desde a estrutura de gestão até às equipas e aos próprios advogados que as compõem, é uma característica distintiva da cultura de cada organização.

---

[50] Não me parece relevante – nem, na verdade, eu teria os conhecimentos necessários para o fazer de forma útil – distinguir aqui entre cultura organizacional e o que se designa por *"corporate culture"*.

[51] *"The way things get done around here"* (Deal T. E. e Kennedy, *Corporate Cultures: The Rites and Rituals of Corporate Life*, Harmondsworth, Penguin Books 1982))

Há casos em que as tarefas de gestão e/ou o trabalho profissional são desenvolvidos de modo centralizado, com reduzido grau de autonomia e com desincentivos à iniciativa individual ou colectiva e à crítica, e outros em que se passa exactamente o oposto. Este carácter mais ou menos inclusivo de cada sociedade, no que respeita à integração dos seus colaboradores na cadeia decisória, tem reflexos profundos na construção de todos os processos, formais e informais, em que assenta a actividade da sociedade, incluindo no processo produtivo e na relação com os clientes.

Por exemplo, uma sociedade composta por um conjunto de equipas fechadas, pouco sujeitas ao contacto e colaboração com outros advogados da firma e pouco habituadas a trabalho multidisciplinar, terá em qualquer projecto um desempenho diferente de outra mais flexível, habituada a integrar os colaboradores em grupos de composição variável. Por outro lado, uma cultura de maior autonomia permitirá aos colaboradores um espaço de iniciativa que poderá traduzir-se em ganhos para os clientes e para a própria organização.

Naturalmente que, quanto maior o número de intervenientes no processo decisório e mais elevado o seu grau de autonomia, mais complexa será a gestão eficiente do grupo.

- Meios & Fins

A forma como a sociedade lida com os seus principais *"stakeholders"* – clientes, sócios e colaboradores – e aquilo que identifica como seus fins últimos (estabilidade da estrutura, rentabilidade, sustentabilidade, prestígio, uma combinação de todas estas e/ou ou outras) é extremamente relevante. As relações interpessoais dentro da firma, horizontalmente (entre pares) e verticalmente (entre advogados mais e menos seniores), bem como a maior ou menor ênfase na gestão das expectativas e carreiras dos advogados, que podem ser vistos como um activo a preservar e desenvolver ou mais como um instrumento ao serviço dos sócios e/ou dos clientes, dependem desse posicionamento quanto aos fins a prosseguir e meios a adoptar.

Nesta categoria, a cultura da sociedade reflecte-se em aspectos tão importantes como sejam o *"leverage"* da equipa, o modelo de progressão dos associados na carreira, o processo de distribuição do trabalho ou o sistema de repartição de lucros entre sócios. Por exemplo, uma firma construída essencialmente com base no sucesso de uma ou duas personalidades, e focada na preservação desse sucesso individual, tenderá a ter um *"leverage"* significativo (a capacidade de atracção de colaboradores experientes e afirmados será reduzida), um plano de carreiras pouco elaborado e com fracas oportunidades de crescimento, um sistema de distribuição de trabalho centralizado nos distribuidores-angariadores e um modelo de repartição de lucros menos cooperativo e mais assente numa base de *"eat what you kill"*[52]

- Percepção & Alinhamento

    Igualmente importante e revelador é a forma como o poder e a comunicação fluem e os sinais que os fluxos (formais e informais) assim criados lançam na organização, bem como as respostas que geram da mesma.

    Grande parte do comportamento dos colaboradores da sociedade é determinado pelas percepções que têm acerca daquilo que se espera deles e do modo como devem actuar enquanto membros do grupo.

    Essas percepções, por sua vez, são resultado de uma série de dados que os colaboradores interiorizam, de forma consciente ou não, expressos em comportamentos de terceiros, incentivos

---

[52] Ver a propósito o artigo, muito elucidativo, de Francisco Sá Carneiro noutro local desta obra.

positivos e negativos, sinais e regras cuja descodificação é parte essencial do trabalho de integração no colectivo e que, por sua vez, acaba por também influenciar as percepções de outros, traduzindo-se o conjunto em padrões de comportamento e paradigmas que se tornam parte integrante da cultura da sociedade e cuja gestão, sendo vital, é extremamente difícil. Quanto mais claros os sinais comunicados à organização, mais coerentes e partilhadas as percepções geradas em cada um e, por isso, mais consistente a actuação do todo. Conhecer com clareza os objectivos da sociedade e o caminho proposto para o alcançar, bem como o papel esperado de cada um nesse processo, é um factor essencial do alinhamento da organização (de que falaremos adiante) e reflecte-se imediata e directamente no compromisso e empenho dos colaboradores, que constituem elementos culturais distintivos de cada organização.

Haverá sociedades de advogados em que os associados verão o seu papel numa perspectiva mais restrita, de mero desempenho individual de acordo com objectivos pré-estabelecidos, sendo esse o horizonte do seu empenho específico, e outras em que os associados se sentirão parte de um esforço colectivo para o qual contribuem em conjunto com os seus pares.

Este é o elemento que permite "medir" a força e o peso da cultura numa sociedade. Uma cultura diz-se forte ou fraca consoante está mais ou menos difundida e é mais ou menos percebida e vivida pela organização.

A maneira com estes três conjuntos de elementos se organizam e interagem define, em grande medida, aquilo que uma sociedade de advogados é.

A cultura constitui um elemento diferenciador primordial de cada sociedade e tem um impacto directo na performance, produtividade e sustentabilidade da organização, bem como, em concreto, naquilo que é o output da actividade: o serviço ao cliente.

3. Choque de Culturas

A teoria está cheia de modelos e categorizações que distinguem entre os diferentes tipos de culturas organizacionais que se podem encontrar.[53] Para este trabalho interessa focar as sociedades de advogados em concreto.

Um dos maiores especialistas mundiais em sociedades (de) profissionais, David Maister[54], diferencia entre uma cultura/estratégia que designou de *"One Firm Firm"*, caracterizada pela prevalência do colectivo, a existência de lealdade institucional e foco na criação de um espírito de corpo, de outra a que chamou *"Star Based Firm"*, na qual prevalecem as "estrelas", e em que a ênfase está na concorrência interna e no incentivo aos empreendedores individuais.

Numa prevalece o ambiente de colaboração e o vínculo essencial é o da lealdade de cada um para com a organização; na outra, prevalece o espírito de competição e a as ligações fazem-se entre cada um e a "estrela" com a qual trabalha.

Reconhecendo embora que a maior parte as organizações está algures entre os dois extremos, indicam-se de seguida, com recurso e vénia a Meister, algumas das características que diferenciam estes modelos:

---

[53] Por exemplo CharlesHandy, *Understanding Organizations*, Penguin Books (1985), que distingue quatro tipos de organizações, essencialmente a partir da fonte e modo de exercício do poder. Admito que esteja ultrapassado por autores mais recentes mas, como referi, não sou um especialista, mas antes um mero curioso, nesta matéria.

[54] David Meister, num artigo conjunto com Jack Walker, – posteriormente *"managing partner"* da Latham & Watkins – na Sloan Management Review em 1985. Pode ser consultado em davidmeister.com.

Características dos Tipos de Firma	
"One Firm Firm"	**"Star Based Firm"**
Crescimento essencialmente orgânico	Crescimento oportunístico
Rejeição de comportamentos individualistas	Incentivo à criação de "estrelas" individuais
Remuneração baseada mais na performance do grupo do que na individual	Remuneração como resultado directo da performance individual
Comunicação e coordenação interna extensivas	Gestão descentralizada
Busca de consensos nas decisões	Decisões autonomizadas por centros de custo/receita
O passado e o futuro como património comum	Maior foco no presente
Formação como socialização e integração	Formação só como ferramenta de performance

Em termos concretos, estas diferentes características traduzem-se em aspectos de fácil observação.

As sociedades mais próximas do modelo "One Firm Firm", por exemplo, tenderão a (i) adoptar sistemas de *"lockstep"*, puros ou mistos, na distribuição de resultados, e não de *"eat what you kill"*; (ii) pagar aos associados em função dos resultados globais da firma e não da sua equipa de trabalho ou centro de receita ou custo; (iii) promover o crescimento essencialmente orgânico, apresentando diversos sócios "feitos na casa", em vez de um crescimento oportunístico; (iv) criar vários *fora* de discussão e a levar o debate estratégico a escalões mais baixos, em vez de o limitar aos sócios; (v) ter taxas de atrito (rotação de colaboradores) mais baixas; e (vi) adoptar métodos de avaliação centralizados, em que os associados são comparados com todos os seus pares, por oposição a uma avaliação tendencialmente exclusiva pelo responsável da equipa ou área a que pertencem.

O nosso mercado conhece sociedades de advogados muito diferentes no que diz respeito à sua matriz cultural. Essas diferenças resultam a maior parte das vezes das circunstâncias que rodearam a sua criação ou crescimento, mas são também fruto das diferentes personalidades e modelos de gestão dos seus fundadores e/ou líderes. E distinguimos claramente (quase intuitivamente), entre as sociedades portuguesas mais conhecidas, as características que as diferenciam e colocam num determinado ponto do espectro cultural definido por Meister.

4. Cultura, Culto & Culturismo

Cultura e liderança são conceitos, e realidades, que vivem de mãos dadas. Uma cultura de liderança e a liderança da cultura – no sentido de uma gestão activa dos aspectos culturais da organização – são, em minha opinião, factores gémeos e críticos de sucesso para uma organização que se pretenda forte e sustentável.

Não se confunde a cultura de liderança com o culto da liderança. Aquela consiste na existência de uma estrutura, designadamente em termos de processos, que dá espaço e promove a criação natural de líderes nos diversos patamares do grupo, perfeitamente identificados e alinhados com a cultura da organização e que defendem e prosseguem essa cultura enquanto a transmitem ao seu redor.

E traduz-se, ainda, na chefia clara da sociedade por um líder (pode haver mais mas julgo que prejudica a eficácia) cuja principal missão é, precisamente, gerir a cultura da firma.

Esta gestão da cultura tem a sua principal e mais difícil vertente na gestão da mudança. Com efeito, os aspectos culturais são particularmente sensíveis aos desafios constantes a que a organização se submete, interna (entradas, promoções e remunerações dos advogados, integrações de equipas ou fusões, criação de novas áreas de prática, mudanças de processos ou plataformas tecnológicas) e externamente (novos concorrentes, diferentes métodos de abordagem aos clientes, pressão da concorrência). Assegurar que a organização permanece fiel aos valores culturais que lhe são próprios e diferenciadores, por um lado, e manter a equipa alinhada com esses valores, por outro, constitui a principal missão do líder do grupo, que deverá passar essa urgência (permanente) à restante estrutura de liderança da sociedade.

Não é um exercício para culturistas. A cultura não se impõe à força, como a força não se impõe à cultura. É primeiro um exercício de negociação, em que cada indivíduo aceita aderir a um conjunto de valores que são parte integrante do seu pacote de condições de admissão no grupo. E é depois um exercício de persuasão, em que cada membro do grupo deve passar a acreditar e viver esses valores, sob pena de a sua integração poder redundar em fracasso.

O papel do fundador, ou do líder, é ainda essencial na fixação do conjunto originário de referências que moldam a matriz cultural de cada sociedade. Frequentemente, a personalidade da sociedade de advogados reflecte, de modo muito aparente, a personalidade daquele que lhe deu forma, sobretudo nos casos em que houve o cuidado de "criar escola" e gerir activamente os aspectos culturais. Um caso de identificação óbvia – e deliberada e bem gerida – da sociedade com o fundador, com grande sucesso e vantagem (seguramente para ambos) é, por exemplo, o da Sérvulo.

A cultura de uma firma de advogados é especialmente testada nos casos de fusão ou integração, em que duas ou mais culturas diferentes têm forçosamente que se ajustar na busca de um equilíbrio: a prevalência de uma das culturas sobre a(s) outra(s) ou, mais comummente, o surgimento de uma nova cultura, que é misto de ambas. A gestão da mudança implica quase sempre, nestes casos, a necessidade de (re)ajustar a equipa resultante da fusão ou integração, com baixas mais ou menos significativas nos diversos escalões.

Em Portugal, duas sociedades que se encontram em pleno processo de adaptação ou recriação de culturas – e que nessa missão têm obtido assinalável êxito – são a MLGTS e a Abreu Advogados, ambas resultantes de fusões e integrações em grande escala. Nos dois casos foi possível não só mitigar custos significativos do ponto de vista da perda de colaboradores, como foram (re)criadas marcas a que, em muito pouco tempo, ficaram associados valores que reflectem um determinado posicionamento no mercado e uma cultura específica e diferenciada.

Outro exemplo de uma gestão eficaz da mudança, se bem que com alguns aparentes custos necessários e normais nestes processos, é o da PLMJ. Tendo sido uma estrutura revolucionária no tempo da sua criação, em que um colectivo de advogados era praticamente impensável, a PLMJ foi capaz de evoluir de modo notável de uma organização essencialmente assente num conceito de "Star Based Firm", para um colectivo integrado e alinhado, tendo pelo caminho criado uma marca de referência no mercado internacional.

5. Cultura, Posicionamento & Alinhamento

Muitas sociedades de advogados têm uma cultura de gestão mas não fazem uma gestão da cultura. A cultura é um activo dinâmico e evolutivo, que se vai transformando silenciosamente à medida que os seus intérpretes – os membros do grupo, que vivem a cultura e a traduzem nos seus actos – se vão adaptando aos desafios contínuos a que a organização se vê submetida. Novos clientes, que impõem diferentes métodos de trabalho, novos colaboradores, que desconhecem os códigos culturais vigentes, novas tecnologias, que alteram os processos, criação de novos grupos de trabalho, com mudança de estruturas de poder, tudo isto são factores de pressão sobre a matriz cultural da organização que, a prazo e se não forem devidamente acompanhadas, podem gerar alterações inesperadas no modelo cultural.

Uma adequada gestão da cultura de qualquer organização assenta, na minha opinião, em três pilares essenciais: posicionamento, alinhamento e comunicação. O último é instrumental dos outros dois.

- Posicionamento

    Seja fruto do acaso ou de uma gestão cuidada, todas as sociedades de advogados se posicionam de uma determinada forma no mercado. Há aquelas que oferecem serviços altamente especializados em função da matéria, e as de tipo generalista, com equipas que actuam em quase todas as frentes. Existem as que são reconhecidas pela capacidade de produzir soluções inovadoras (o posicionamento "*rocket science*"), as que oferecem essencialmente experiência ("*grey hair*"), até às que se especializam em processos de rotina e repetição que conseguem desenvolver com alto grau de eficiência ("*commodity*").

Cada um destes modelos de organização exige diferentes soluções no que respeita ao perfil de colaboradores de que necessita, ao sistema de controlo de qualidade, à autonomia oferecida aos membros da equipa, ao "*leverage*" a adoptar, à forma de remuneração, à imagem que comunica, ao plano de carreira a perfilhar e por aí adiante. Cada modelo exige uma base cultural própria, adequada e apta a servir o modelo em causa.

Conhecer e gerir o posicionamento da sociedade – saber aquilo que ela é (e, já agora, o que quer ser e perceber e colmatar as diferenças entre uma coisa e outra) – é, por isso, um passo crucial na definição e adesão a uma cultura que possa ser um factor de desenvolvimento e sucesso da organização. Uma cultura forte exige uma consciência muito clara daquilo que a sociedade pretende ser. Promover essa consciência e participar activamente na sua criação é um dos principais papéis da liderança de uma firma e há várias formas de o fazer, como veremos adiante.

- Alinhamento

Definido o posicionamento actual ou desejado da sociedade, é essencial "vender" o conceito internamente, para que ele possa tornar-se realidade. É preciso alinhar todos os colaboradores com os objectivos fixados, assegurando o seu empenho na respectiva prossecução. É necessário, em suma, fazer com que interiorizem, respeitem e apliquem o modelo e as ferramentas culturais da sociedade. A medida em que o façam determina, a final, a maior ou menor força da cultura da organização.

Permito-me, neste ponto, partilhar com o leitor ocasional, ou porque abriu o livro nesta página ou porque milagrosamente conseguiu resistir às anteriores, a experiência da VdA em matéria de posicionamento e alinhamento (e, claro, comunicação). Não porque sejam forçosamente as melhores práticas, mas porque são as que aplicamos e conheço, razão que me parece mais do que suficiente para a imodéstia.

Na VdA, a preocupação com o posicionamento da sociedade no mercado traduz-se na aplicação de algumas ferramentas de gestão básicas. Em primeiro lugar, definimos muito claramente a Visão, Missão e Valores da sociedade, que observamos e a que aderimos plenamente em todos os actos e decisões que somos chamados a tomar, quer no plano estratégico quer no da gestão. Os pilares da organização estão contidos nesta base "constitucional", que se impõe em tudo o que fazemos e que funciona, assim, como principal fonte da raiz cultural da VdA. Desta base nascem todas as ferramentas que corporizam o modelo de organização que temos, desde o sistema de distribuição de lucros até ao regulamento de candidatura a sócio ou ao plano de carreira.

Em segundo lugar, separamos a função estratégica da gestão da sociedade. Enquanto esta é bastante centralizada, assegurando a consistência e coerência de processos, já a definição estratégica se traduz num exercício aberto, conduzido por equipas de projecto criadas para o efeito e com recurso a "inputs" do exterior, e no qual são chamados a participar muitos colaboradores da sociedade, num esforço que culmina na aprovação de planos estratégicos de médio prazo. A discussão concreta do posicionamento da VdA no mercado, e o teste sistemático desse posicionamento (mercados alvo, segmentação, preço) são outros exercícios muito importantes, levados a cabo periodicamente.

O alinhamento, por seu turno, é uma obsessão, como não poderia deixar de ser num modelo que privilegia o colectivo sobre o individual e a solidariedade absoluta entre sócios (bem reflectida no modelo de *"lockstep"*) e com os colaboradores (que partilham, nos prémios, do resultado da actividade). O objectivo de alinhamento da estrutura assegura-se de dois modos: primeiro, com a criação de um grupo específico, o qual tem acesso a toda a informação estratégica e de gestão, que engloba todos os que na sociedade têm funções de liderança (não apenas advogados); segundo, através de criação de ferramentas e incentivos de alinhamento, vertidos em instrumentos abertos a todos, como sejam o Plano de Carreira, ou o Sistema de Gestão de Desempenho ou os Planos de Desenvolvimento Individual, por exemplo.

Por outro lado, o alinhamento é reforçado com a formação específica aos líderes em matéria de gestão e outros *"soft skills"* necessários ao desempenho das tarefas que lhe incumbem, designadamente em matéria de gestão de equipas e de projecto.

Finalmente, a comunicação interna, à qual damos particular ênfase. Na VdA, os sócios encontram-se duas vezes por mês em reuniões que têm uma componente de gestão. O grupo mais vasto da liderança, por sua vez, tem duas reuniões anuais e a equipa toda – advogados e restantes colaboradores – junta-se num encontro por ano, num evento que igualmente contem um módulo de comunicação. Todos estes momentos são aproveitados para passar (e insistir em) mensagens chave para a organização, focando todos os membros da equipa nos mesmos pontos estratégicos, de curto, médio e longo prazo.

Naturalmente que estes objectivos pressupõem a assunção clara de uma política de grande abertura, transparência e partilha de informação, apoiada em sistemas tecnológicos adequados, que não é intuitiva mas que, diz-nos a experiência, potencia enormemente o crescimento da sociedade e o correcto alinhamento de todos os colaboradores.

6. Cultura & Sustentabilidade

Há coisas grandes que não são grande coisa. O mesmo se passa com as sociedades de advogados.

Nos casos, que são felizmente cada vez mais, em que existe uma perspectiva de longo prazo – e a consequente preocupação de criar e desenvolver uma estrutura que sobreviva aos seus fundadores, viabilizando as carreiras profissionais dos que lhes seguem – nem a dimensão, nem a rentabilidade ou a facturação são, por si só, garantias de sucesso.

A sustentabilidade de uma sociedade de advogados passa sobretudo pela criação e gestão cuidada de uma cultura adaptada aos objectivos fixados. E que, naturalmente mas sem esforço, se imponha – pelas suas características inspiracionais e aspiracionais – a todos os que se vão juntando à organização, assegurando o correcto alinhamento da equipa e a identificação comum dos objectivos a prosseguir e dos valores a observar pelo colectivo.

Sem prejuízo de, como Meister, acreditar que o modelo "One Firm Firm" é o que melhor responde aos desafios do tempo, pela coesão que inspira e impõe aos membros da equipa, penso que, independentemente do posicionamento ou modelo adoptados, o elemento vital de sustentabilidade está nesta criação de uma cultura forte, na qual o papel dos líderes é fundamental.

H. AS SOCIEDADES DE ADVOGADOS DE CUNHO IBÉRICO

Albano Sarmento[*]

A densificação do fenómeno de integração das empresas luso-espanholas no mercado ibérico é uma realidade incontornável nos nossos dias.

Desde a adesão dos dois países à Comunidade Económica Europeia, que os fluxos de bens e de capitais entre as duas economias não pararam de crescer, o que leva as empresas portuguesas e espanholas, a redefinir as suas estratégias de modo a melhor operarem no mercado ibérico e mundial.

A Espanha assume-se hoje, como o principal parceiro comercial de Portugal em matéria de importações e exportações, enquanto Portugal ocupa o terceiro lugar na lista de países de destino das exportações espanholas.

De qualquer forma as trocas comerciais entre os dois países representavam em 2008, antes da crise mundial se instalar, um total de 24 biliões de Euros anuais.

A internacionalização das empresas ibéricas nos mercados africanos e sul-americanos é também uma evidência, impulsionada por um lado pelo denominador comum da língua e identidade de culturas, e por outro pela crise económica que afecta a economia europeia e estes dois países em especial, podendo as empresas luso-

---

[*] Sócio e Administrador da Gomez-Acebo y Pombo, Advogado na Sucursal de Lisboa

espanholas beneficiar da vantagem comparativa de que beneficiam junto daquelas economias emergentes.

O fenómeno de integração económica ibérica, é acompanhado da necessidade de assegurar e proporcionar uma plena assessoria jurídica às empresas que desenvolvem as suas actividades a partir de Portugal e Espanha, e nessa medida, a prática forense, marcada por uma forte componente empresarial, exige o reposicionamento das sociedades advogados, com vista a proporcionar o serviço de excelência e eficiência que as caracterizam e que têm justificado a expansão e plena integração das sociedades de advogados nestes dois países.

Actualmente, existem quatro sociedades de advogados espanholas de grande dimensão a operar no mercado nacional e com escritório próprio: a Uría-Menendez-Proença de Carvalho e Associados, a Cuatrecasas, Gonçalves Pereira, a Garrigues e a Gómez-Acebo & Pombo. A primeira sociedade de advogados a apostar no mercado luso foi a actual Uría-Menendez-Proença de Carvalho e Associados, tendo em 1997 lançado os primeiros passos para a criação de escritório próprio em Lisboa, e respectiva implementação definitiva neste mercado.

Seguiu-se a sociedade de advogados Cuatrecasas, Gonçalves Pereira, com um processo de integração progressivo, que formalmente se iniciou em 2000 com assinatura de um acordo de fusão entre as duas estruturas e culminou na adopção da denominação comum da sociedade em 2009.

Em Janeiro de 2005, foi a vez da sociedade de advogados espanhola Garrigues estabelecer-se no mercado nacional, com a abertura de escritório próprio em Lisboa.

As três sociedades de advogados marcam ainda presença na cidade do Porto, com escritório próprio.

Recentemente, a sociedade de advogados Gómez-Acebo & Pombo, na esteira das suas congéneres espanholas, efectivou a sua entrada no mercado nacional, igualmente com a abertura de escritório próprio em Lisboa, prevendo-se a breve trecho a sua presença no Porto.

De menor dimensão, embora igualmente com origem em Espanha e com presença própria no mercado português, refira-se a Estudio Jurídico Ejaso – "Hernandez Pardo, Hernando de Larramendi y Asociados – Sucursal em Portugal R.L" e a Antonio Viñal & Co. Abogados.

Em sentido inverso, isto é, relativamente a sociedades de advogados portuguesas com presença própria em Espanha, o fenómeno tem muito menor relevância, citando-se a este propósito, um excerto do artigo publicado em Maio/Junho de 2008 pela Iberian Lawyer, *"What is surprising, suggest some, is the relative lack of Portuguese law firms in Spain, where only Raposo Bernardo has a presence. The leading Portuguese independet law firms all however enjoy close relations with firms in London and Madrid. The Anglo-Saxon firms have taken an increasing significance following the Spanish major´s arrival in Lisbon."* Acrescenta ainda, que *"While in the past firms were thought to prefer a single referral firm, the suggestion now is that many are content to cherry pick specific expertise. (...) It is therefore among the specialist firms that the key relationship changes are occurring, and among whom strong cross-border ties are a growing strategic issue."*

Existem efectivamente várias firmas de advogados nacionais com acordos de parceria com sociedades de advogado espanholas e vice-versa, porém a tendência recente dá conta da procura de parceiros nacionais de referência com vista ao crescimento sustentado além-fronteiras, conforme refere o artigo *supra* citado.

Concluindo, a penetração de sociedades de advogados espanholas no mercado nacional é mais evidente e marcante em Portugal do que o inverso, embora a realidade e actualidade do fenómeno, tem potencial para funcionar de forma idêntica nos dois sentidos.

I. A INTERNACIONALIZAÇÃO DAS SOCIEDADES DE ADVOGADOS PORTUGUESAS

Agostinho Pereira de Miranda[*]

Numa conjuntura marcada por crescentes dificuldades económicas no plano interno, a internacionalização tem sido apresentada em Portugal como uma espécie de varinha mágica, capaz de resolver os problemas da sustentabilidade das nossas empresas. Quase todos os dias se ouve falar de novos projectos de internacionalização, promovidos quer pelos agentes económicos quer pelos poderes públicos. A advocacia não é excepção a esta regra. Daí que, especialmente nos últimos dois anos, se tenham sucedido os anúncios de planos de abertura no estrangeiro de escritórios de sociedades de advogados portuguesas ou, quando menos, o estabelecimento de acordos com parceiros estrangeiros.

Como acontece relativamente às empresas, as sociedades de advogados optam por seguir a via da internacionalização por razões que têm um carácter defensivo ou ofensivo. As razões ofensivas prendem-se quase sempre com a necessidade de acompanhar clientes da firma que se estabelecem num país estrangeiro. Por seu turno, as razões defensivas resultam da saturação do mercado interno ou da diminuição das receitas domésticas.[1]

---

[*] Miranda Correia Amendoeira & Associados – Sociedade de Advogados RL

[1] Uma razão também defensiva será a que advém da necessidade de dar resposta a iniciativas de internacionalização de firmas concorrentes.

Quaisquer que sejam as razões para o estabelecimento de uma presença efectiva fora do país, a sociedade de advogados em causa tem de ponderar três aspectos fundamentais:

1. A natureza da vantagem competitiva da firma. Esta pode ser inerente à especificidade da sua prática[2] ou à notoriedade da respectiva marca[3].
2. A capacidade da sociedade para apoiar a estrutura local. Incluem-se aqui os recursos financeiros e de capital humano e técnico, para além da disponibilidade de tempo para a coordenação e acompanhamento da prática local.
3. As (quase sempre duras) realidades da prática em jurisdições menos conhecidas. Aqui estão abrangidos não só os problemas resultantes da regulação da advocacia por parte da respectiva Ordem, mas também a disponibilidade de recursos locais, sejam eles advogados ou especialistas das áreas de suporte.

Na prossecução de uma estratégia internacional algumas sociedades de advogados acabam por seguir o que poderíamos chamar de "rede plurilocal de escritórios". Neste modelo espera-se de cada escritório nacional que gere as suas próprias oportunidades e administre os respectivos recursos autónoma e discricionariamente. Em vez disso, uma sociedade de advogados internacional deve procurar uma efectiva integração de competências e recursos através designadamente dos seguintes factores:

- Mobilizar as competências locais de forma a reflectir as qualidades da firma;
- Partilhar os mesmos valores e a mesma missão profissional;

---

[2] No caso da *Miranda*, o movimento da internacionalização foi apreciavelmente estimulado pela génese da sociedade como *"boutique"* de direito do petróleo e gás.

[3] São claramente os casos da *Linklaters* ou da *Clifford Chance*, para citar apenas duas firmas globais.

- Adoptar processos, sistemas e até estratégias comerciais uniformes;
- Implementar uma sólida política de formação, partilha do conhecimento e mobilidade dos respectivos colaboradores.

A integração dos recursos locais não pode passar por qualquer tentativa de dominação nacional, mesmo que residual. Na firma internacional cada escritório nacional é "a casa" de todos os seus colaboradores. Naturalmente que estes objectivos só se atingem com respeito pelos colegas estrangeiros, esforço constante de gestão e apreciáveis recursos financeiros.

Talvez por isso haja um número tão limitado de firmas portuguesas que se implantaram com êxito em países estrangeiros.[4]

Analisar de forma detalhada os motivos por que tal sucedeu não faz parte do objecto deste texto. No entanto, afigura-se terem relevado vários factores – obviamente nem todos com a mesma importância –, designadamente: a solidez e alta rentabilidade do mercado português no decurso das últimas duas décadas (excepção feita aos dois anos mais recentes); o esforço e atenção postos na reorganização das estruturas das sociedades portuguesas, cuja dimensão e complexidade nunca antes haviam sido atingidas; expectativas demasiado optimistas quanto às oportunidades decorrentes do caso *Arthur Andersen* e o consequente termo da prestação de serviços jurídicos (de forma mais ou menos generalizada) pelas grandes auditoras.

Ou seja, quando o mercado português apresentou oportunidades e expectativas, as sociedades de advogados portuguesas optaram pelo então crescente mercado nacional, desvalorizando as oportunidades de crescimento internacional. Provavelmente, a vocação de

---

[4] Já na década de 90 surgiram tentativas de internacionalização de sociedades de advogados portuguesas. Os casos mais conhecidos são os da *Coelho Ribeiro e Associados*, da então *Gonçalves Pereira, Castelo Branco & Associados* e da *Santiago Neves & Associados*, todas com parcerias em Moçambique. Destes três projectos, apenas a agora *Cuatrecasas, Gonçalves Pereira* se mantém no mercado moçambicano.

internacionalizar não faria parte do "DNA" organizacional e cultural das nossas sociedades de advogados.

Em última análise, o êxito de uma firma de advogados no seu processo de internacionalização depende fundamentalmente da capacidade de utilizar as competências locais de acordo com os padrões internacionais a que os respectivos clientes estão habituados. Trata-se de demonstrar a capacidade da firma para usar o seu capital de experiência na resolução dos problemas dos clientes. Nesse esforço, será posta à prova a eficiência do seu aparelho de gestão e a credibilidade da firma e da sua estratégia.

Não há uma abordagem única, mas antes várias abordagens para a internacionalização da prática da advocacia. Mas copiar sem critério os nossos concorrentes não é uma alternativa viável. As organizações têm de saber reconhecer os seus limites, quer estes resultem da dimensão, do capital organizacional, dos recursos financeiros ou até do escasso empenho dos respectivos sócios. E isso vale tanto para as ambições no mercado nacional quanto no internacional.

3. Os sócios

FERNANDO CAMPOS FERREIRA[*]

A. DA DEFESA DO "LOCKSTEP"

I. Introdução

Creio haver mérito na opinião que vê no sistema de compensação dos sócios de uma organização profissional liberal – *maxime*, de uma sociedade de advogados – a espinha dorsal do seu modelo organizativo, o princípio constitucional que determina e condiciona o essencial da sua cultura societária: de igualdade[1] na apropriação dos resultados distribuíveis, entre sócios com posições societárias idênticas (*"Lockstep"* puro); ou de diferenciação nessa apropriação, em função do nível dos respectivos contributos anuais para a formação do resultado global apurado (*"eat what you kill"*).

Também julgo existirem razões fundadas na experiência para poder afirmar-se que nenhum sistema é por si só perfeito, capaz de produzir resultados óptimos ou de ser compreendido e aceite pelos sócios, independentemente da matriz cultural da sociedade em questão, do estádio de desenvolvimento da sua experiência societária ou das qualidades dos seus profissionais, sobretudo dos seus sócios.

---

[*] Campos Ferreira, Sá Carneiro & Associados – Sociedade de Advogados RL

[1] Nos sistemas ditos de *"Lockstep"* mitigado, essa igualdade não é absoluta, havendo uma parte, habitualmente até um máximo de 20%, dos resultados que é subtraída ao valor distribuído em função dos pontos detidos no *"Lockstep"* para premiar o mérito relativo dos sócios no ano a que os resultados se reportam, de acordo com as respectivas avaliações de performance.

Poder-se-á, porventura, também afirmar, que cada sociedade de advogados deverá implementar o sistema que aos seus sócios fundadores[2] se afigure como o mais adequado à prossecução dos fins societários, sem esquecer os seus objectivos estratégicos, permanentes ou duradouros[3].

A primeira regra de ouro comum a qualquer dos sistemas que se adopte, é a de que os seus princípios e regras devem ser claros, precisos e objectivos, e obviamente conhecidos, entendidos e partilhados por todos os interessados, e que a sua aplicação seja transversal, uniforme e isenta.

Tendo vivido quase trinta anos da minha vida profissional numa sociedade de advogados que ao longo dos tempos foi desenhando e implementado um sistema flexível, um *"tertium genus"* próximo do *"eat what you kill"*, e que recentemente o reformou para um sistema de *"Lockstep"* mitigado, escolhi fazer a defesa das vantagens do *"Lockstep"* sobre um sistema exclusivamente baseado em critérios de performance.

---

[2] Sendo um princípio constitucional, a definição do sistema de remuneração é tarefa que incumbirá aos sócios fundadores. Excepcionalmente, no contexto de ajustamentos subsequentes ao modelo inicial, tal definição poderá não ser contemporânea da fundação da sociedade, previsivelmente com dificuldades e consequências de grau variável em função da extensão e consequências das modificações introduzidas. Afinal e antes do mais, é de dinheiro que se trata!

[3] O sistema de remuneração pode também influir na execução de objectivos estratégicos de curto prazo ou estabelecidos para um exercício em concreto. Será que um sócio de uma sociedade que se rege por um sistema que premeia exclusivamente os resultados da sua produção se sentirá motivado ou empenhado em "gastar" horas facturáveis em acções tidas como do interesse estratégico colectivo, por exemplo, ministrar formação aos colegas mais novos ou prestar serviços *"pro-bono"*?

II. *"Lockstep"* – Principais Características Diferenciadoras e de Vantagem sobre Sistemas *"Eat what you kill"*

O principal traço distintivo do sistema reside na absoluta igualdade na percepção dos resultados entre sócios com posições idênticas no plano de progressão na carreira remuneratória da sociedade, a que na gíria da gestão das sociedades de advogados se convencionou designar *"Lockstep"*, como na marcha *"in tandem"* com o mesmo nome.[4]

Na opinião dos seus defensores, as sociedades em *"Lockstep"* disporão de melhores condições para fomentar e cimentar os laços societários entre os seus profissionais, solidários por igual nos resultados positivos como na adversidade, que desse modo se equivalem nas valias que aportam à sociedade. O sócio em *"Lockstep"* pode, assim, dedicar-se a um ramo do direito menos potenciador de geração de honorários, embora estruturante porque complementar ou necessário numa lógica do modelo de prestação de serviços em todos os ramos do direito (*"full service"*) da sociedade em causa, e fazê-lo sem estados de alma relativamente à sociedade e, sobretudo, relativamente aos seus outros sócios que prestam serviços em áreas susceptíveis de geração de honorários mais elevados. O sistema é centrípeto porque previne tendencialmente tensões entre sócios, inimigas da coesão e da estabilidade societárias, tão frequentemente comuns nas sociedades que, ao contrário, distinguem e premeiam individualmente os seus sócios em função da respectiva prestação momentânea, aferida e avaliada anualmente, as mais das vezes segundo critérios exclusiva ou predominantemente economicistas. Nessas sociedades, o "bom" sócio, a estrela (*"star performer"* ou *"rainmaker"* na colorida expressão anglo-saxónica) é aquele que consistente-

---

[4] O sistema aqui referido é o do *"Lockstep"* puro, diverso da sua variante mitigada (*"Managed Lockstep"*) que nos últimos anos tem vindo a ser adoptada por algumas sociedades Britânicas, como evolução do sistema de absoluta paridade antes usado.

mente[5] gera os honorários mais elevados, que mais clientes ou assuntos "importantes" aporta à sociedade, que dispõe de maior notoriedade externa, e que por esses motivos é tributário de um maior quinhão nos resultados, ficando os demais com a inerente *"captio diminutio"*. Nessas sociedades, sempre acaba por prevalecer a noção e a prática de que há "uns e os outros", uns sócios de "primeira"[6] e os outros de "segunda". Haverá forças mais centrífugas a prazo? Julgo que não!

Mas, será que esse sócio poderia ter alcançado essa posição cimeira se ao longo dos anos não se tivesse apoiado na sociedade e sido por esta apoiado e, em particular, se não tivesse beneficiado dos contributos dados pelo colectivo dos seus demais sócios e colaboradores profissionais? Poderia ele ter concluído aquela complexa e importante operação de fusão sem o contributo de outras áreas de prática, por exemplo, do direito laboral ou do contencioso? Deve o mesmo ser apontado como o modelo de sócio dessa sociedade, a emular pelos mais novos, independentemente de poder fracassar estrondosamente noutras qualidades que se exigem de um sócio, quase sempre desconsideradas ou desvalorizadas no respectivo processo de avaliação em benefício da geração de receita? Também julgo que não!

Nas sociedade em *"Lockstep"*, pelo contrário, é assumido que o papel de um sócio não se esgota nos resultados que o mesmo logra alcançar na produção, sendo-lhe igualmente exigido que contribua activamente na gestão, na representação externa da sociedade, na formação dos Advogados mais novos, na prestação de serviços *pro-bono*, etc. e que por esses contributos seja avaliado como o é

---

[5] No sistema puro de *"eat what you kill"*, o sócio extraordinário num determinado ano pode ser apenas mediano no ano seguinte, oscilando os seus proveitos em conformidade, espécie de montanha-russa remuneratória.

[6] A diferenciação financeira entre sócios pode inclusivamente passar pela ascensão de alguns ao estrelato dos denominados *"super plateaux"*, conferidores de vantagens exclusivas na apropriação de uma tranche do resultado distribuível.

nos resultados da produção. O sucesso de uma sociedade não se alcança e mantém através da mera soma das facturações dos seus sócios e associados tomadas individualmente. Depende também, e sobremaneira, do somatório das contribuições de todos os restantes elementos que constituem a *"affectio societatis"*.

Por tudo aquilo que se deixou dito acima, é de certo modo consequente que nas sociedades mais focadas na produção, porque elegem os seus resultados e os dos sócios individualmente, como factor de primazia, o processo decisório na passagem ao estatuto de sócio ou na admissão de um sócio em *"lateral-hiring"*, não cuide, por via de regra, em avaliar com rigor se o candidato reúne todas as (outras) características e qualidades humanas e profissionais inerentes ao estatuto e indispensáveis num sócio.

Paradoxalmente, nessas mesmas sociedades, porque o foco está afinal no *quantum* do estatuto remuneratório e não tanto no próprio acesso ao estatuto societário, ocorrem episódios de facilitismo nos processos decisórios atinentes à progressão nas carreiras estabelecidas, em particular nos processos de passagem a sócio, não sendo barrada a progressão ao estatuto de sócio de associados que não reúnem os requisitos necessários, que nem sequer se notabilizam na vertente dos resultados individuais de facturação, e assim sucede pela simples razão de que como os mesmos não podem alimentar expectativas remuneratórias adequadas ao estatuto de sócio, se torna por isso mais cómodo à gestão e aos sócios não ter de confrontar os candidatos com as suas deficiências. Não são tão bons quanto seria desejável, mas... também ganharão menos do que os mais capazes, que assim não serão afectados nos seus rendimentos. Perigosa espiral de desresponsabilização societária!

Nalgumas dessas sociedades[7], foi entretanto criada a figura do "sócio assalariado", contradição nos seus termos que acomoda, qual

---

[7] Existirão casos idênticos nalgumas sociedades que se arrogam ter um *"Lockstep"*, mas que dele fazem uma interpretação e uma prática no mínimo *"sui generis"*.

depósito de adidos, todos aqueles que se bastam com a forma e o "penacho do título". É-se sócio sem verdadeiramente o ser, sem o estatuto nem o reconhecimento que lhe são próprios, sobretudo no plano interno, num faz-de-conta desresponsabilizante que a todos parece satisfazer.

Obedecendo e servindo essa mesma lógica, em determinadas sociedades em *"Lockstep"* mitigado foram ainda criados autênticos patamares-travão ou de estacionamento para todos aqueles sócios que não reúnem, afinal, todas as condições exigíveis para aceder ao patamar seguinte (*"gateway"*).

Ora, nas sociedades em *"Lockstep"* o processo reclama um muito maior rigor e disciplina. Desde logo porque a passagem a sócio (ou a admissão de um novo sócio) sempre afectará todos os restantes sócios por igual. Nestas sociedades, a regra basilar da progressão na carreira é a que dita que quem não demonstra capacidade para ascender a sócio deve sair (*"up or out"*). Compreende-se facilmente que assim tenha de ser: só assim se prevenirão tensões futuras entre sócios e se poderá assumir e praticar um sistema de igualitarização na partilha dos resultados.

Como quase sempre acontece quando há dois sistemas diametralmente opostos, um dia alguém se lembra de procurar fazer a ponte entre os mesmos, de buscar uma solução eclética. É o caso do *"Lockstep"* dito mitigado (cfr. nota 1), que mais não é do que um sistema de *"Lockstep"* enxertado com uma componente variável de remuneração arbitrada anualmente em função da performance financeira (mais do que de qualquer outro critério) de cada sócio, ficando a sua atribuição sujeita às conclusões de um processo de avaliação.

A principal crítica feita ao modelo eclético decorre precisamente da sua componente variável ficar dependente da avaliação e da primazia que nela as mais das vezes se dá, em detrimento dos restantes critérios, à geração de receita por parte do avaliando, a que acresce o subjectivismo que habitualmente preside na avaliação relativa dos avaliandos quanto ao respectivo desempenho em todos os outros critérios estabelecidos para o efeito da avaliação, consabidamente causa de tensões e incompreensões desestruturantes que pouco a pouco podem ir enfraquecendo os laços societários.

Em tese, um tal sistema terá o mérito de distinguir anualmente aqueles que mais se notabilizarem no cumprimento dos principais critérios de avaliação adoptados pela sociedade – critérios que deverão incluir o grau de cumprimento das metas estratégicas determinadas pela gestão –, constituindo um importante factor (de gestão) motivacional para todos os seus beneficiários potenciais.

Na prática, por causa da sua natureza híbrida, nalgumas sociedades e em função e como consequência da sua matriz cultural ser mais forte num sentido do que no outro, julgo que o sistema acabará por não satisfazer cabalmente nem os defensores da paridade societária nem os que defendem a existência de distinção na remuneração em função do maior mérito relativo no plano da contribuição para as receitas.

É facto que nos últimos anos, assistiu-se a uma crescente migração para fórmulas mitigadas de *"Lockstep"* por parte de firmas, sobretudo Britânicas, que tradicionalmente se regiam por um sistema de *"Lockstep"* absoluto, não sendo de excluir, todavia, um seu eventual regresso à formulação tradicional, se e na medida em que, com o passar do tempo, nalgumas dessas firmas se possa vir a concluir que as vantagens inicialmente retiradas do (novo) sistema tendencialmente comprometem esse valor supremo em qualquer organização profissional de pessoas, isto é, a solidariedade.

Pelo contrário, num sistema de *"Lockstep"* absoluto existirão as virtualidades necessárias para assegurar a primazia dos interesses colectivos sobre os individuais, desse modo se fomentando a coesão e a solidariedade entre os sócios e entre estes e os demais profissionais da sociedade, muito especialmente com os seus futuros sócios.

Como se referiu, a maior adequação de um sistema em detrimento de outros dependerá, em primeira linha, da própria sociedade, da sua cultura e da sua prática, devendo ser estável, ou o mais estável que for possível, sob pena de indesejáveis e dificilmente sanáveis sobressaltos na coesão societária.

Parece, no entanto, pacífico, que seja qual for o sistema implementado, o mesmo deve ser percebido e convictamente assumido por todos como sendo aquele que de forma mais eficiente é capaz de assegurar:

- A prossecução dos objectivos estratégicos da sociedade, sejam eles a curto, médio ou longo prazo;
- A motivação pessoal de cada um dos sócios, do mesmo passo que fomenta a coesão societária;
- A distribuição equitativa dos resultados gerados.

Acresce que a bondade de seja qual for o sistema não se revelará se as regras em que o mesmo assenta não forem rigorosamente aplicadas.

Assim, por exemplo, a coerência e a estabilidade do sistema *"Lockstep"* sairiam profundamente prejudicadas se o processo de admissão de sócios não fosse especialmente rigoroso ou se fosse feita letra morta dos mecanismos de *"up or out"*.

Independentemente do tipo de sistema adoptado, os sócios devem ter presente que as regras constitucionais das respectivas sociedades não devem ser subvertidas em atenção a interesses individuais ou meramente pontuais e que os episódios e circunstâncias que possam enfraquecer a coesão societária acabarão por fazê-lo, em prejuízo de todos e da própria sociedade.

B. EAT WHAT YOU KILL

Francisco Sá Carneiro[*]

Partner compensation is the most troublesome topic in professional service firm management.

David H. Maister

1. Introdução

A paternidade da expressão *eat what you kill* é controversa, não estivéssemos nós no mundo jurídico.

De acordo com o Wall Street Journal de 5 de Setembro de 2006, a expressão *eat what you kill* é, segundo o próprio, atribuída ao advogado Barry Barnett, sócio do escritório de Dallas, Texas, da Susman Godfrey LLP, que, em 1986, numa entrevista publicada na revista norte-americana Americam Lawyer referiu (...) "*at Susman Godfrey you eat what you kill.*"[1]

No entanto, o WordSpy[2] atribui a autoria desta expressão a Joseph Klock Jr. numa entrevista que deu à American Lawyer cerca de um ano após a entrevista do advogado texano.

---

[*] Campos Ferreira, Sá Carneiro & Associados – Sociedade de Advogados RL

[1] Citado no referido artigo do The Wall Street Journal de 5 de Setembro de 2006.

[2] www.wordspy.com.

Seja como for, esta expressão é frequentemente utilizada para designar o sistema de distribuição de lucros utilizado pelas sociedades de profissionais, tais como sociedades de advogados e que tem por base não a participação de cada sócio no capital social (como acontece, em princípio, numa sociedade comercial ou civil), mas sim o mérito ou o desempenho individual de cada sócio durante o exercício.[3]

Um artigo publicado recentemente pela Adam Smith, Esq.[4] refere que inquiridos vários sócios de sociedades de advogados de Nova Iorque sobre qual a sua opinião quanto ao sistema de distribuição de lucros praticado pela firma de que eram sócios, a resposta foi mais ou menos a mesma: depende.

É que o sistema de distribuição dos lucros utilizado por uma sociedade de advogados é bem mais do que isso. Representa a cultura da sociedade. Reflecte as suas prioridades. Revela os seus objectivos.

David H. Maister[5] equaciona o problema da distribuição dos lucros numa sociedade de profissionais e, em particular, numa sociedade de advogados, formulando as seguintes perguntas:

Qual é o equilíbrio correcto entre o reconhecimento da contribuição actual *versus* as contribuições de longo prazo?

Quem deve receber mais: os que geram mais negócio ou os profissionais mais criativos?

O sócio que dá formação aos advogados mais jovens ou o sócio que regista o número mais elevado de horas?

---

[3] Curiosamente em qualquer um dos sistemas de distribuição de lucros, *eat what you kill* e *lockstep*, quer na sua forma "pura", quer em qualquer uma das suas formas mitigadas, a participação do sócio no capital social é absolutamente irrelevante. Nos termos do número 2 do artigo 32.º do Decreto-lei n.º 229/2004, de 10 de Dezembro (Regime Jurídico das Sociedades de Advogados), a divisão dos lucros entre sócios pode não ser proporcional ao valor das participações de cada um.

[4] www.adamsmithesq.com the_optimal_par.html.

[5] Managing the Professional Service Firm, The Free Press, 1993.

O sócio responsável por um departamento ou o sócio que começou e desenvolveu uma área de prática?

E mais importante, quem, numa organização de iguais, deverá tomar decisões sobre a distribuição dos lucros, já que os sócios são "proprietários" e não funcionários?

Aliás, o *lockstep* e o *eat what you kill* não são as únicas formas para calcular a distribuição de lucros nas sociedades de advogados, para além da mera participação no capital social que, conforme referimos, não é regra nas sociedades de advogados europeias e americanas. Michael J. Anderson[6] identifica pelo menos sete categorias diferentes, para além do *lockstep* e do *eat what you kill*:

Equal Partnership, normalmente utilizado nas sociedades de advogados de menor dimensão (em termos de sócios), em que os lucros são distribuídos por grupos de advogados organizados de acordo com a respectiva senioridade, sendo partilhados em partes iguais entre os membros de cada grupo;
Modified Hale and Dorr,[7] em que os sócios são divididos por grupos, organizados não em função da senioridade, mas de acordo com a função exercida: angariadores, gestores da relação com clientes e, finalmente, trabalhadores;

---

[6] Michael J. Anderson, Partner Compensation, Systems Used in Professional Services Firm, Edge International, 2001.

[7] Adoptado nos anos 40 pela sociedade de advogados de Boston, Massachusetts, Hale and Dorr (que se fundiu em 2004 com a sociedade norte-americana Wilmer, Cutler & Pickering, tendo adoptado então a denominação Wilmer Cutler Pickering Hale & Dorr, alterada em 2005 para Wilmer Hale) e é considerado o primeiro sistema de distribuição de lucros baseado no desempenho. O sistema previa três categorias de sócios, os *Finders* que originavam clientes, os *Minders* que eram os responsáveis pelos clientes e os *Grinders* que trabalhavam nos assuntos dos clientes. No exemplo citado por Michael J. Anderson, op. cit., os *finders* recebiam 10 por cento dos lucros, os *minders* 20 por cento, os *grinders* 60 por cento e os remanescentes 10 por cento eram destinados aos sócios que tivessem tido um desempenho excepcional.

Simple Unit, em que a senioridade, a produção, a angariação e as actividades não facturáveis (isto é, trabalho de gestão), são qualificadas de acordo com uma fórmula relativamente simples. Um ponto por cada ano na firma, um ponto por cada valor determinado de unidade monetária facturado ou recebido e um ponto por cada valor determinado de unidade monetária facturado ao cliente angariado, multiplicado por determinado factor. Os pontos a distribuir aos sócios envolvidos na gestão da sociedade resultam de uma fórmula em que o número total de pontos disponíveis para distribuição corresponderia ao número total de sócios multiplicado por três. A este número deduzia-se o total dos pontos distribuídos aos sócios que exerciam actividade profissional e o saldo era distribuído em partes iguais entre os sócios que estavam encarregues de funções de gestão;

50/50 Subjective-Objective, tem como objectivo tentar conciliar os defeitos e as qualidades dos sistemas que são demasiado objectivos ou demasiado subjectivos. Quarenta por cento do lucro distribuído a determinado sócio tem por base a facturação ou recebimentos por ele gerados, dez por cento tem por base a angariação de clientes e os remanescentes cinquenta por cento a avaliação que lhe é feita, tendo em conta os resultados obtidos de acordo com o outro critério, dos quais dez por cento são baseados na capacidade de gerir clientes e os remanescentes quarenta por cento na percepção do desempenho de acordo com os demais critérios;

Team Building, em que cinquenta por cento do valor a distribuir a cada sócio é baseado no resultado global da sociedade, quarenta por cento no desempenho da área de prática ou departamento e os remanescentes dez por cento no desempenho profissional de cada sócio.

2. Características

Performance Based

Conforme mencionado, a fórmula do *eat what you kill* é, na sua essência, fácil de definir, mas de aplicação difícil e complexa.

Fácil de definir pois baseia-se no princípio de quem contribui mais, recebe mais. E, portanto, todos têm um incentivo adicional para contribuir.

Mas pergunta-se: contribuir em quê? E começam as primeiras dificuldades. Há, é certo, um conjunto de características de natureza objectiva que, portanto, são mais fáceis de definir e de aplicar. A primeira é, naturalmente, a facturação. O sócio que mais factura deverá receber mais. Mas o que é facturar mais? Será o número de horas de trabalho profissional registadas? Ou será o valor das facturas assinadas por um sócio, independentemente do trabalho que realizou? Será o valor hora médio facturado por um sócio comparado com o valor médio facturado pela sociedade? E como avaliar as angariações de clientes cujo trabalho é efectuado por outros sócios? Qual é a ponderação que deve ter na avaliação do sócio, que pode ter angariado um excelente cliente para a sociedade, mas que, dada a natureza do trabalho, é assessorado por outros sócios? E os sócios que se dedicam, nalguns casos em exclusividade, à gestão da sociedade? Como avaliar o seu desempenho para efeitos de distribuição dos lucros? Como compará-los com os sócios que têm grandes assuntos, assuntos complexos, assuntos que proporcionam honorários com uma margem superior à média, assuntos que ocupam grandes equipas ou assuntos que, pela sua dimensão e impacto público, dão projecção e contribuem para a reputação da sociedade?

E mais importante. Como estabelecer regras claras que permitam uma aplicação consistente, que transmita confiança não só aos sócios, mas também aos associados e futuros sócios, para que saibam com o que contar e não sintam que a distribuição dos lucros é efectuada ao arbítrio de alguns ou de acordo com regras mais ou menos flexíveis, que poderão ser "orientadas" em função de interesses pontuais de uns ou, mesmo, da própria sociedade? Para, por exemplo, satisfazer um sócio que ficou insatisfeito com o quinhão dos lucros que lhe foi atribuído no ano anterior? Ou para "segurar" um sócio que terá referido que estaria a considerar deixar a sociedade, pois entendia que a sua participação nos lucros não estava de acordo com o seu desempenho?

Há casos ainda de sociedades de advogados que "debitam" a cada sócio uma percentagem dos custos da sociedade, o qual suporta ainda os custos e encargos com a sua secretária ou assistente, bem como com a formação, promoção ou sistemas informáticos. O trabalho dos associados é cobrado ao sócio a um valor hora estabelecido, mas é facturado ao cliente pelo valor que for acordado entre o sócio e o cliente ou que aquele achar apropriado. O sócio poderá ainda envolver outros sócios na colaboração num determinado assunto a um valor hora acordado caso a caso.

Pois, não sendo os lucros distribuídos em função da participação de cada um no capital social da sociedade de que são sócios, a contribuição utilizada para determinar o contributo de cada um, pode ser medida de acordo com um ou vários dos seguintes critérios:

– Senioridade;
– Valor hora facturado;
– Contribuição para o desenvolvimento do negócio;
– Total de facturação imputada;
– Taxa de realização, isto é, percentagem dos honorários cobrados sobre o valor dos honorários facturados;
– Número de horas facturadas.

Existem, evidentemente muitos outros factores, mas como refere ainda David H. Maister,[8] estes são os únicos que proporcionam dados quantitativos. Todos os demais, contribuição para a gestão da sociedade, contribuição para a gestão do conhecimento, contribuição para formação de novos advogados, outras formas de contribuição

---

[8] Op. cit. Pág. 270.

para o bem comum da sociedade não são, em princípio, mensuráveis. Pelo menos, com o mesmo grau de rigor.

E dizemos em princípio, porque há sociedades que adoptam o sistema de registar as horas dispendidas pelos sócios na realização do trabalho geralmente apelidados como "não facturável", pelo que existe sempre uma forma de contabilizar e avaliar quantitativamente a contribuição – medida em horas de trabalho –, dada por cada sócio. Mas há muitas firmas que resistem em fazê-lo, pois entendem que existe um certo laxismo no lançamento destas horas "não facturáveis". Dito de outra forma, uma vez que estas horas não são sujeitas ao escrutínio do cliente a quem são facturadas, existe ou há quem entenda que existe, uma tendência para se registar mais tempo do que o efectivamente incorrido, o que faz com que estas horas não espelhem com rigor o período de tempo efectivamente gasto.[9]

Conforme poderemos verificar nesta comparação simples, o que é, aliás, referido pelo seu autor, notamos que as principais características dos dois sistemas, "na sua forma pura", de distribuição de lucros nas sociedades de advogados, verificam-se a dois níveis distintos:

> ao nível da sociedade, por exemplo aumentando ou dificultando a sua capacidade de prestar serviços em novas áreas de prática, favorecendo o espírito de grupo ou a angariação, permitindo a contratação directa de sócios ou favorecendo o crescimento orgânico;
>
> e, evidentemente, nos sócios no cálculo da respectiva remuneração, não só do exercício em causa, mas dos subsequentes e como tal funcionando como instrumento de retenção e de atracção de talento.

---

[9] O que não deixa de ser surpreendente, pois, no limite (trata-se de uma questão de honestidade e, portanto, de princípio) o cliente funciona como travão a esta prática, como aliás aconteceu há uns anos em Nova Iorque, quando veio a público um documento interno de uma conhecida sociedade de advogados internacional que, de certa forma, incentivava os associados a registarem mais horas do que as que efectivamente gastavam.

Mas ambos os sistemas não podem privilegiar ou ponderar da mesma forma a importância de uns e outros critérios na avaliação que fazem do desempenho de cada sócio. Numa forma simplista diríamos que o *lockstep* privilegia a colegialidade e o *performance based* a facturação. Dentro deste enquadramento, o factor de ponderação oscilará mais no caso do *lockstep* para os contributos para a organização, pois o sócio não se tem de preocupar tanto com o desempenho individual positivo, isto é, a avaliação só incide sobre os sócios com desempenho negativo ou inferior à média ou ao mínimo estabelecido; já no caso do *eat what you kill*, oscilará mais para os contributos de facturação, rendimentos e de angariação de clientes e assuntos.

A ideia geral é a de que o *performance based* é um sistema de distribuição de lucros que remunera unicamente o esforço e o desempenho individual de cada sócio, não reconhecendo ou reconhecendo de forma residual a contribuição do e para o colectivo. Por esta razão, é tido como sendo o sistema de distribuição de lucros de eleição utilizado pelas sociedades de advogados norte-americanas, tidas como mais agressivas, muito embora haja algumas mais conhecidas[10] que utilizam o *lockstep* na sua forma pura ou mitigada.

Vantagens e desvantagens

Michael J. Anderson, op. cit., resume, bem na nossa opinião, as vantagens e desvantagens deste sistema de distribuição de lucros:

Vantagens

Cada sócio é integralmente responsável pelo seu rendimento e pelos seus clientes, pelo que tem controlo sobre o respectivo nível

---

[10] Wachtell, Lipton, Rosen & Katz, Davis Polk & Wardwell, Cravath, Swaine & Moore são exemplos de "sociedades de advogados de Wall Street" que distribuem os seus lucros utilizando o *lockstep*.

de rendimento. Este sistema cria incentivos a diversos níveis. Na angariação de clientes e assuntos, incluindo para serem "trabalhados" por outros sócios, pois "vendem" o assunto a outro sócio ou recebem uma percentagem da respectiva facturação. Na política de contratação de advogados, pois neste sistema só os que são lucrativos é que são retidos. E é um incentivo à cobrança dos honorários facturados, pois sem recebimento normalmente não há distribuição. E, por último, proporciona um controlo apertado das despesas, pois os sócios só estão dispostos a contribuir para o esforço colectivo até certo ponto, sob pena de ir para outra sociedade de advogados. Não há desgaste, nem discussão na "partilha do bolo", precisamente porque não há bolo para partilhar. Cada um "faz e come o seu bolo"!

Desvantagens

Provavelmente o alheamento na gestão e na administração da sociedade de advogados será a maior desvantagem, pois o tempo reduzido que é dispendido em assuntos de gestão e administração, em assuntos de gestão do conhecimento, em temas de organização e promoção, em questões relacionadas com a formação, faz com que seja difícil criar uma cultura comum, uma sociedade a todos os níveis, que poderá levar, a médio e longo prazo, à sua lenta desintegração. Esta ausência de cultura e espírito de grupo, sente-se por todos, não só pelos sócios. Sente-se pelos associados e pelos colaboradores, podendo criar um ambiente difícil. Fomenta a concorrência entre sócios pela obtenção de determinados clientes ou assuntos – certamente os mais rentáveis ou os que dão maior projecção – podendo em casos extremos deixar os associados numa situação de quase luta pela sobrevivência desde o início da sua carreira profissional, quando a sua principal preocupação deveria ser aprender. Não a sobreviver, mas a advogar.

Principais diferenças para o **lockstep**

Once one departs from a strict lockstep system, performance assessment and compensation decisions are inextricably intertwined: They are the two sides of the same coin.[11]

As principais diferenças entre os dois sistemas de distribuição de lucros entre os sócios de uma sociedade de advogados, na sua forma pura, são bem resumidos por Stephen Mayson[12].

O *lockstep system* é, talvez, melhor em fomentar a colegialidade e permite à sociedade diversificar a sua prática profissional; também reduz a potencial discrepância entre a maximização dos lucros para sociedade e para cada um dos sócios. No entanto, aumenta o risco de os sócios se encostarem ou de deixarem a sociedade por entenderem que a distribuição de lucros é injusta ou está distorcida.

Um sistema de distribuição de lucros com base no mérito reduz os riscos de os sócios se acomodarem (*shirking*), mas pode comprometer as tentativas da sociedade em diversificar a sua prática profissional, sobretudo quando essa diversificação envolve investimento, assunção de riscos, trabalho em equipa e *cross-selling*. Mas um sistema de distribuição de lucros com base no mérito, também tem as suas próprias distorções, pois alguns sócios poderão unicamente procurar "fazer números" de modo a assegurarem um resultado individual mais favorável.

Outras considerações

Vimos, de forma necessariamente resumida, as vantagens e desvantagens deste sistema de distribuição de lucros, quer ao nível dos sócios, quer ao nível da sociedade. Mas há, cremos, alguns comentários adicionais que nos parecem importantes.

---

[11] David H. Maister, Managing the Professional Service Firm, Simon & Schuster UK Ltd. 1993, pág. 258.

[12] Making Sense of Law Firms, Strategy, Structure & Ownership, Blackstone Press Limited, 1997, pág. 510.

2.1. Velocidade de crescimento

Referimos no início que o sistema de distribuição de lucros numa sociedade de advogados é bem mais do que isso. Pois, para além do mais, o sistema de distribuição de lucros adoptado por determinada sociedade, representa também a velocidade do seu crescimento.

Um sistema de distribuição de lucros baseado no mérito, como o *eat what you kill*, proporciona uma velocidade de crescimento máxima, que não encontramos em nenhum outro sistema de distribuição de lucros. Diríamos mesmo que é o que proporciona a velocidade mais elevada, enquanto o *lockstep* proporciona a velocidade de crescimento mais lenta. E aqui, quando falamos de crescimento, queremos referir-nos a crescimento medido em termos de facturação.

É que, conforme vimos, se cada um vai unicamente receber em função do que factura, a sociedade só tem de estar preocupada em gerir os custos, pois se um ou mais sócios não tiverem um desempenho aceitável, não recebem ou não recebem tanto.

E também facilita a contratação pela sociedade de sócios oriundos de outras sociedades ou em prática individual, sem estar preocupada com o volume de facturação "trazido", designadamente, se é suficiente para pagar a sua "remuneração" e contribuir para as despesas comuns. O investimento inicial efectuado pela sociedade é mais reduzido, não só em termos financeiros, mas também e sobretudo em capital humano. Pois se não resultar, isto é, se não der resultados, o sócio é fortemente penalizado e se passado determinado prazo continuar sem resultar, o sócio é convidado a sair sem grandes comoções internas.

2.2. Plano de carreira

Também ao nível interno de promoção de associados a sócios, o sistema de distribuição de lucros baseado no mérito é bastante mais flexível e menos exigente.

No sistema de *lockstep*, como é um sistema rígido, a entrada de novos sócios em plano de carreira faz com que o bolo seja repartido por mais pessoas e portanto a fatia de cada um irá diminuir. Pelo menos num primeiro momento. Espera-se que a curto ou médio prazo a sociedade saia reforçada com a entrada desses novos sócios e que, portanto o bolo cresça de forma a que a fatia individual de cada sócio acabe por ser maior do que a fatia dos lucros que recebiam antes da entrada desse ou desses novos sócios.[13]

No *eat what you kill* não há esta preocupação. A entrada de novos sócios é ilimitada, pois não afecta a fatia dos lucros atribuídos aos demais sócios pois não há, como vimos, um único bolo. Se aqueles novos sócios não facturarem, não recebem.

2.3. Espírito societário

Mas o *eat what you kill* não permite conforme referido, a criação de um verdadeiro espírito societário integrado, como aquele que podemos testemunhar nalgumas sociedades de advogados europeias e, sobretudo, nas inglesas. A profissão de advogado ainda é e deve continuar a ser, pelo menos para nós, uma relação mestre/aprendiz. A experiência é passada do sócio para os associados no dia-a-dia de trabalho em conjunto; nas relações com os clientes, com os advogados que representem a contra-parte, com os tribunais e com os demais agentes que, de uma forma ou outra, por esta ou aquela razão, encontramos no exercício da nossa profissão; e nas relações, com os demais membros da sociedade a que pertencem.

E quando ao fim de 10 ou 12 anos (depende da sociedade) os associados são admitidos como sócios, já são eles que têm no dia--a-dia a relação com os clientes. Já não é o sócio que os formou e

---

[13] David H. Maister, op. cit, refere mesmo que o *lockstep* parece mais apropriado para sociedades de advogados que não sofreram declínios acentuados na sua rentabilidade, pois sempre que há o suficiente para remunerar todos bem ou adequadamente há bastante menos pressão para comparar e avaliar as pessoas.

ajudou e que lentamente lhes foi passando a responsabilidade de os gerir. Do ponto de vista da sociedade, faz muito mais sentido que os novos sócios "fiquem" com esses clientes e iniciem o percurso que percorreram com esses clientes agora como jovens sócios, deixando o "seu sócio" com a responsabilidade de angariar novos clientes. Para ele será mais fácil – pois, sendo sócio há mais tempo, a sua reputação será superior –, começar de novo o percurso de formação de jovens advogados. E, com isto, a organização vai crescendo e vai-se fortalecendo.

Os sistemas de distribuição de lucros baseados no mérito são alheios a esta forma de crescimento. O sócio tende (e deve, sob pena de ser penalizado), guardar para si e controlar os seus clientes e assuntos durante toda a sua vida profissional, não os partilhando com ninguém, excepto se e na medida em que precise de mão de obra ou de capacidade específica que não tenha, que pagará à peça, mas mantendo sempre (ou tentando manter) o controlo do cliente. É, pois, um sistema mais egoísta e menos societário quando comparado com o *lockstep*.

2.4. Concorrência interna

Finalmente, é certo que sob o ponto de vista da distribuição dos lucros, o *eat what you kill* não cria grandes tensões no momento da sua efectiva distribuição. Cada sócio recebe o que gera, ao contrário do *lockstep* que requer um sistema de avaliação de sócios bastante mais sofisticado, de modo a não penalizar os sócios que contribuem e evitar algum laxismo por parte de sócios menos empenhados. Mas os sistemas de distribuição de lucros baseados na facturação criam uma tensão tremenda entre os sócios até à distribuição. A nosso ver a dois níveis.

(a) Promoção

Na promoção da sociedade, de uma área de prática ou de um departamento junto de clientes ou de futuros clientes, poderá gerar uma competição ou concorrência que, no limite, poderá ser prejudicial para a sociedade como um todo, caso, por exemplo, o cliente se aperceba que existem sócios em concorrência. O que não é de todo salutar a não ser que se considere que não se pretende um projecto de "sociedade".

Mas também poderá criar concorrência a nível interno. Muitas vezes clientes contactam a sociedade em geral e nenhum sócio em particular, para os assessorar em determinado assunto, como acontece, por exemplo e com alguma frequência, no seguimento de indicação ou recomendação de uma outra sociedade de advogados que, nesse assunto particular, tem um conflito de interesses. Uma vez que o cliente e o assunto não foram introduzidos por um sócio em particular, a sua distribuição torna-se por vezes muito difícil dando lugar a tensões e lutas internas pouco saudáveis, não só para os próprios, como enquanto exemplo para os associados. Daí uma expressão americana sobre algumas sociedades de advogados que diz tudo: *shark pool*! É certo que o *lockstep* também não resolve este problema particular, pois esse cliente e assunto poderá "ajudar" o sócio na sua progressão profissional, tanto interna como externa. Mas atenua-o de forma considerável ou noutra perspectiva não o potencia de forma considerável, pois, pelo menos em teoria, o interesse do colectivo e do social será prevalecente, sobrepondo-se assim ao interesse individual de um sócio. Em teoria o cliente e o assunto serão entregues ao sócio com maior capacidade e disponibilidade, que servirão melhor o cliente e obterão melhor rentabilidade.[14]

---

[14] Ainda tenho bem presente a discussão acesa e ruidosa que, enquanto estagiário, num longínquo 1983, da Oppenheimer Wolff & Donnelly, uma sociedade de advogados americana de Minneapolis e que tinha aberto um escritório em Bruxelas nos anos 60 a pedido de um cliente seu, para acompanhar os assuntos relacionados com a então Comunidade Económica Europeia, assisti entre dois sócios a propósito de um cliente do escritório de Bruxelas. Pouco dignificante!

(b) Conflito de interesses

A segunda área onde o *eat what you kill* cria enormes tensões é na área dos conflitos de interesses. Conforme tivemos oportunidade de referir, esta forma de distribuição de lucros proporciona crescimentos acelerados, certamente muito mais rápidos, pois a preocupação com a rentabilidade desloca-se da sociedade como colectivo – como é o caso do *lockstep* – para se concentrar primordialmente nos sócios considerados individualmente.

Permite pois, a admissão de novos sócios, seja por contratação, seja pela promoção de associados, de forma muito mais fácil ou flexível. No entanto, apesar da forma de distribuição de lucros recompensar e ser efectuada de forma individualista, não deixa de ser o exercício em conjunto da advocacia sob a forma societária, pelo que, em matéria de conflitos não pode (ou não deve) haver individualismos. E como não há – nem pode haver – gestão colectiva de admissão de clientes e assuntos, tendo em conta o interesse da sociedade, do colectivo, do projecto,[15] há uma tendência generalizada para aceitar todos os assuntos, todos os clientes, sob pena de, no final do ano, não haver lucros para alguns. Dentro deste contexto, como se sentirá um sócio a quem é pedido para tratar de um grande assunto ou de um assunto complexo, potencialmente gerador de muito trabalho e que não o pode aceitar porque um outro sócio aceitou um assunto de menor dimensão, mas que lhe cria um conflito?

---

[15] Um dos casos recentes mais conhecidos é o da sociedade de advogados espanhola Perez-Llorca, aquando da oferta pública de aquisição lançada, em 2005, pela Gás Natural sobre a Endesa. Contactada diversas vezes por entidades várias, desde bancos, a pequenos accionistas, a outros consultores, esta sociedade de advogados não aceitou nenhum. Sob a influência do seu sócio director, Pedro Perez-Llorca, acreditou sempre que uma transacção de tamanha dimensão e com tantas partes envolvidas, provocaria imensas situações de conflito, pelo que haveria que estar disponível para um terceiro que pretendesse lançar uma oferta concorrente à apresentada pela Gás Natural. E foi o que aconteceu quando a E.ON decidiu lançar uma oferta concorrente e contratou a Perez-Llorca para a assessorar.

Arriscamo-nos mesmo a dizer que os conflitos de interesse são a grande (ou mesmo a única) limitação ao crescimento das sociedades de advogados que adoptam este sistema de distribuição de lucros, impedindo também uma gestão coerente e racional dos clientes e assuntos, importante nalgumas áreas de actividade em que determinados clientes não aceitam que os seus advogados sejam também assessores de um concorrente seu.[16]

Muitas sociedades de advogados resolvem esta questão implementado o que se denomina por *chinese walls*[17] ou, na sua forma mais moderna, *ethical walls*. Ou seja, embora haja conflito, a sociedade pode aceitar o cliente ou o assunto, desde que assegure que as equipas que assessoram as duas partes em conflito não tenham acesso à informação respeitante à contra-parte. Segundo cremos, são permitidas no Reino-Unido (incluindo em casos de litígio), em Espanha (embora não haja norma expressa) e nalguns estados dos Estados-Unidos (por exemplo no Estado de Ohio não são permitidas). Em Portugal estão expressamente proibidas, pois o artigo 60.º do Estatuto da Ordem dos Advogados estabelece que uma sociedade de advogados, ainda que assegure internamente a criação de grupos de trabalho independentes, não pode patrocinar causas ou clientes quando tal facto consubstanciar uma situação de conflito de interesses nos termos legais.

É certo que as sociedades de advogados que adoptam o *lockstep* como forma de distribuição de lucros estão sujeitas às mesmas regras de conflitos de interesse. Mas a pressão interna não é a

---

[16] O que normalmente é designado por "conflito comercial".

[17] De acordo com a Wikipedia, a expressão terá nascido nos Estados-Unidos da América, após a Grande Depressão de 1929, quando o 73.º Congresso Norte-Americano aprovou, em 16 de Junho de 1933, o *Banking Act of 1933* (também conhecido por Glass-Steagall Act), que introduziu diversas reformas no sistema bancário, como por exemplo a separação dos bancos de investimento das sociedades corretoras, de forma a evitar conflitos de interesses entre a análise económico-financeira de uma empresa e a promoção de ofertas públicas.

mesma, pois o sócio não deixa de receber lucros pelo facto de um determinado cliente ou assunto não poder ser aceite em virtude da existência de um conflito de interesses. Não perde só um ou uns poucos. Perdem os sócios todos. Se for caso disso, o sócio que terá angariado o cliente poderá continuar a ser valorizado pela angariação. E, sem dúvida nenhuma, torna possível sem grandes pressões uma gestão da aceitação de clientes e assuntos, tendo em conta os objectivos da sociedade e os interesses dos seus clientes, de uma forma muito mais eficiente e integrada do que numa sociedade que adoptou o *eat what you kill* como forma de distribuição de lucros.

2.5. Custo adicional

A adopção do *eat what you kill* como sistema de distribuição de lucros cria um custo adicional para as sociedades que o adoptem. Implica um sistema complexo de gestão da facturação e de imputação que não necessita de ser tão detalhado ou apurado no casos de sociedades de advogados que adoptem o *lockstep*. É, pois, necessário adoptar contabilidade analítica detalhada, pois, conforme vimos, origina facturação interna entre sócios ou entre o sócio e a sociedade, quando esta lhe põe à disposição recursos, associados, para o ajudarem em determinado assunto ou para prestarem serviços em valências que o sócio e a sua equipa não possuem.

2.6. Especialização

O *eat what you kill* pode, também, gerar um risco, que aumenta em função da especialização dos sócios e associados de cada sociedade. É que sendo um sistema mais "egoísta", os sócios tenderão a fazer todo o trabalho ou a mantê-lo dentro da sua equipa, precisamente para não perderem ou não terem de partilhar honorários. Dito por outras palavras. Não incentiva a distribuição de trabalho dentro da sociedade, pelos advogados mais especializados – melhorando, pois, a qualidade e a capacidade de resposta – ou pelos advogados com menos carga de trabalho – melhorando, aqui também, a qualidade e capacidade de resposta –, o que evitaria ou reduziria a margem para erros ou contribuiria para a prestação de um serviço mais atento.

Eat what you kill. Lockstep

A Adam Smith Esq.[18] apresenta o gráfico seguinte que, na nossa opinião, representa bem as diferenças entre os dois sistemas de distribuição de lucros, deixando ainda espaço para os sistemas mitigados.

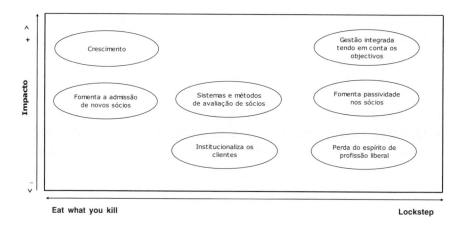

E utilizando a mesma metodologia, apresentamos um segundo gráfico:

---

[18] Op. Cit.

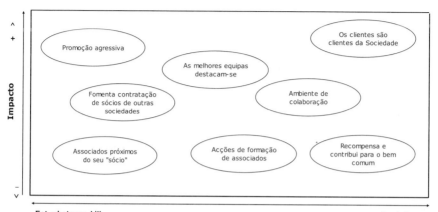

3. A Experiência Portuguesa

Nota prévia

Achamos que poderia ter interesse fazer um brevíssimo resumo sobre a experiência portuguesa, muito embora não tenhamos efectuado, para este efeito, qualquer investigação ou contactado algumas das sociedades que a seguir mencionamos. Por esta razão, citamos unicamente exemplos de sociedades que, por uma razão ou outra, conhecemos bem, designadamente por amizade com um ou vários dos seus sócios ou por conhecimento directo. Não pretendemos, naturalmente, marginalizar ninguém. Apesar de alguma sensibilidade que este tema possa ter, designadamente pelo número reduzidíssimo de sociedades que referimos, preferimos partilhar este conjunto de ideias e impressões do que nada escrever. Oxalá sirvam de pequeno incentivo para alguém se debruçar sobre este tema e fazer uma análise mais completa e detalhada, com, cremos, benefício de todos.

Breve análise

O sistema de distribuição de lucros de acordo com o desempenho, ou mais concretamente, de acordo com a facturação imputada a cada sócio tem sido desde sempre a forma tradicional de "partilha de lucros ou de honorários" no exercício conjunto da profissão de advogado.

O mesmo se terá passado em todos os demais países em que o exercício da profissão de advogado assume a forma liberal. Foi, por exemplo, o caso nos Estados Unidos da América até ao princípio do século XX, designadamente durante as duas primeiras décadas deste século em que se assistiu à fundação das sociedades de advogados modernas, inspiradas pelo exemplo de Paul Cravath na sociedade de advogados que hoje é conhecida por Cravath, Swaine & Moore, cujo modelo foi seguido pelas principais sociedades de advogados dos Estados Unidos da América. E não só.

Segundo Milton E. Reagan Jr.,[19] a Paul Cravath são atribuídas a autoria de práticas que hoje podem parecer-nos evidentes. Contratação de associados provenientes unicamente das melhores universidades, no caso Harvard, Yale e Columbia. Contrariando a tendência generalizada na altura, de pagar uma remuneração fixa aos associados,[20] pois entendia que estes, tal como os sócios, deveriam dedicar-se exclusivamente à sociedade a que pertenciam. De fomentar a formação dos associados sob iniciativa e orientação da própria sociedade. E, talvez a mais "revolucionária" na altura, a política do "*up or out*", isto é, ao fim de 10 anos enquanto tal na sociedade os associados seriam elegíveis para passarem a sócios e se não conseguissem

---

[19] Eat what you kill. The Fall of a Wall Street Lawyer, The University of Michigan Press, 2004.

[20] Na altura, à semelhança do que se praticava em Portugal até bastante mais tarde, a prática consistia na sociedade disponibilizar um posto de trabalho, tendo como contrapartida a prestação de serviços à sociedade ou pagando uma contraprestação. Competia ao associado procurar os seus próprios clientes e assuntos.

essa distinção eram obrigados a abandonar a sociedade. Muito embora esta assumisse o "encargo moral" de tentar arranjar uma alternativa. Entre 1906 e 1948, somente 44 dos 462 associados elegíveis foram admitidos como sócios da Cravath Swaine & Moore. De acordo com Robert T. Swaine, sócio da mesma sociedade, uma pessoa sem expectativa de promoção *"funds to sink into a mental rut – to lose ambition; and loss of ambition induces carelessness"*.

Em Portugal, até 1979, ano da publicação do diploma legal que permitiu a constituição de sociedades de advogados, não se poderia falar em partilha de lucros. Quanto muito em partilha de despesas, entre advogados que dividiam instalações e alguns custos (por exemplo os salários e encargos de alguns colaboradores) e de honorários quando trabalhavam em conjunto em determinados assuntos. Mas, para haver partilha de lucros, tem de haver o exercício da profissão em sociedade e isso, entre nós, teve o seu verdadeiro ponto de partida em finais dos anos 80, no seguimento da reforma fiscal.

A impressão que temos é a de que, em muitos casos, embora os advogados tivessem constituído sociedades de advogados, na prática continuavam a partilhar despesas e os honorários recebidos pelo trabalho que cada um deles obtinha e prestava eram retidos pelo próprio, ou seja, não havia propriamente distribuição de lucros, uma vez que não havia partilha de receitas.

Outras houve, naturalmente, que adoptaram um verdadeiro sistema de distribuição de lucros. E, com excepção de uma ou outra – repetimos que não fizemos qualquer investigação a este respeito –, a maioria adoptou uma forma de distribuição de lucros baseada no *lockstep*. Houve, na nossa opinião, dois factores que contribuíram para este efeito, que enunciamos sem qualquer ordem de preferência:

O primeiro está na génese da criação de algumas das maiores sociedades de advogados (em número de profissionais e, em princípio em volume de facturação);

O segundo está na influência, maior ou menor, das sociedades inglesas de cariz internacional, que adoptaram o *lockstep* como sistema de distribuição de lucros.

O segundo aspecto não necessita, cremos, de muitos desenvolvimentos. Durante os finais dos anos 80 e durante os anos 90 a crescente exposição da economia portuguesa – quer através do programa de privatizações, quer através do investimento estrangeiro, quer, ainda, através dos grandes projectos de infra-estruturas – fizeram com que um crescente número de sociedades de advogados contactasse e trabalhasse em conjunto com congéneres internacionais, sobretudo inglesas. Esses contactos profissionais, proporcionaram, também, contactos pessoais onde se falou necessariamente deste tema e se "importaram" e "adoptaram" conceitos utilizados e testados naquelas sociedades internacionais, baseadas sobretudo no Reino Unido.

O primeiro – o da génese da criação das sociedades de advogados – está, acreditamos, relacionado com o seguinte: com excepção, talvez e já veremos porquê, de uma ou outra sociedade de advogados, todas as demais tiveram a sua origem na prática individual de um ou dois advogados que foram criando uma equipa de advogados – normalmente da geração seguinte –, para trabalhar com eles e que, mais tarde, se tornaram seus sócios.

Foi o caso, (sem qualquer ordem de preferência) da actual Morais Leitão, Galvão de Teles, Soares da Silva & Associados, quer no "ramo" que teve a sua origem na João Morais Leitão & Associados, quer no que teve a sua origem no "ramo" José Manuel Galvão Teles & Associados (já não foi o caso no "ramo" Miguel Galvão de Teles, João Soares da Silva que tinha, tanto quanto é do nosso conhecimento, uma estrutura diferente). Foi, também, o caso da Vieira de Almeida & Associados. Da, na altura, Gonçalves Pereira, Castelo Branco, Vinhas & Associados. Da Carlos de Sousa Brito & Associados. Da actual Sérvulo. Da Serra Lopes, Cortes Martins & Associados. E, de certa forma, da Pena Machete & Associados.[21-22-23]

---

[21] Certamente que outras haverá e penalizamo-nos por não as citar, mas de certa forma estas foram as que pudemos acompanhar de mais perto, seja por razões profissionais, seja por razões pessoais de amizade com sócios de várias destas organizações profissionais, conforme referimos.

[22] Por curiosidade, nota-se que durante os anos 70 tanto o Dr. Vasco Vieira de Almeida, como o Dr. João Morais Leitão e o Dr. Carlos de Sousa Brito

Já na Vasconcelos, F. Sá Carneiro, Fontes & Associados houve uma claríssima opção pelo *lockstep* puro, privilegiando-se a colegialidade e o crescimento orgânico, numa clara aposta no exercício conjunto e sob a forma societária da advocacia. Apesar de nem todos os sócios, sobretudo os mais novos, compreenderem da mesma forma o projecto e os seus objectivos. A sua integração na Uría Menéndez (que utiliza o *lockstep* puro e único, sem qualquer ponderação designadamente em função do país ou do escritório) representou, na nossa opinião, um sucesso, pois permitiu integrar e tentar desenvolver um projecto ibérico, mais adaptado às especialidades das duas jurisdições, em que o Rodrigo Uría sempre acreditou e tanto quis.

Excepções, cremos, a esta regra: a actual A.M. Pereira, Sáragga Leal, Oliveira Martins, Júdice & Associados; a Abreu & Marques e Associados; a, em seu tempo, Abreu, Cardigos & Associados; e, no Porto, a Osório de Castro, Verde Pinho, Vieira Peres, Lobo Xavier & Associados (hoje integrada na Morais Leitão, Galvão Teles, Soares da Silva & Associados). As razões são naturalmente diversas e não temos informação suficiente para as poder elencar. Mas há, cremos, padrões que as distinguem entre elas e das sociedades elencadas no primeiro grupo.

Comecemos por estas últimas ou seja, as do primeiro grupo. O padrão que se nota é que a organização foi fundada e iniciada por um ou dois advogados que, evoluindo na sua prática profissional, foram contratando advogados da geração seguinte com quem partilharam conhecimentos, clientes, formação e organização, não

---

trabalharam com o Prof. André Gonçalves Pereira em regime de partilha de instalações no talvez mais internacional escritório português até aos anos 90, que deu origem à Gonçalves Pereira, Castelo Branco, Vinhas e Associados e que hoje se denomina Cuatrecasas, Gonçalves Pereira, tendo cada um deles saído para iniciar um projecto próprio.

[23] Também foi o caso da Vasconcelos, F. Sá Carneiro, Fontes & Associados (integrada em 2004 na Uría Menéndez), mas neste caso houve uma fortíssima inspiração quer da João Morais Leitão & Associados, quer, em menor grau, da Allen & Overy.

só para os ajudarem em determinadas áreas de prática, como também para, com o apoio deles e dos demais, iniciarem novas áreas de prática.

Tendo em conta a diferença geracional, a reputação e capacidade de angariação de clientes e assuntos e a experiência, a liderança dessas organizações repousava quase exclusivamente nos seus sócios fundadores. Estando a organização estruturada desta forma e funcionando nestes moldes não havia grande espaço para adoptar um sistema de distribuição de lucros que não fosse o *lockstep* ou uma forma mitigada do mesmo.

A adopção nestas estruturas nesta fase do seu percurso, de um sistema de distribuição de lucros baseado no *eat what you kill*, poderia ter obstado ao seu desenvolvimento com sucesso, 20 anos volvidos ou ser mesmo fracturante. Se o sócio ou sócios fundadores não tivessem partilhado os lucros gerados pela actividade organizada e os tivessem guardado para si, como angariadores ou geradores de trabalho, o envolvimento e dedicação dos sócios da geração seguinte não teria, provavelmente, sido tão grande. Ou tão intenso. Ou tão duradouro.

Mas nada disto é uma ciência exacta, nem temos, nem, é certo, procuramos ter, informação detalhada que nos permita analisar com mais cuidado o que acabámos de escrever. Um indicador disto mesmo foi o que aconteceu em Itália, onde a situação de partida era muito parecida – o sócio fundador com reputação e conhecimento, contratava advogados da geração seguinte –, mas em que se passou o fenómeno inverso. O sócio fundador guardou para si grande parte dos lucros, num sistema típico de *eat what you kill* e, nalguns casos, *what the others have killed as well*.[24] Este facto contribui para que muitos dos bons advogados e sócios destas organizações as trocassem por sociedades de advogados inglesas e norte-ame-

---

[24] Segundo publicações da especialidade nos finais dos anos 90, os sócios mais velhos (também designados por *name partners*) estavam entre os advogados que mais lucros recebiam, ultrapassando nalguns casos os € 5.000.000,00 ano.

ricanas, levando, nalguns casos, à posterior integração de inúmeras sociedades de advogados italianas em sociedades congéneres de raiz inglesa ou norte-americana.[25]

Há, no entanto, excepções conforme referimos. Os casos da Abreu, Cardigos e Associados e da Osório de Castro, Verde Pinho, Vieira Peres, Lobo Xavier & Associados têm um padrão – tendo sempre presente a análise ligeira que fazemos – fácil de explicar. São sociedades de advogados de "segunda geração".[26] Sociedades de advogados que nasceram *ab initio* e não herdaram a experiência e a prática profissional de um advogado mais velho, conforme outros casos que referimos. Ambas com imenso sucesso, que surgiram e se desenvolveram à volta de um conjunto de, na altura, jovens advogados, alguns com experiência internacional, com excelente capacidade profissional e pessoal e que portanto moldaram e adaptaram a sua estrutura, incluindo no que respeita à distribuição dos lucros, ao respectivo projecto. A Abreu & Cardigos de forte inspiração norte-americana (não fosse a vivência de um dos seus sócios fundadores no Brasil e nos Estados-Unidos da América trabalhando na Baker & McKenzie[27]) e a segunda com uma estrutura que denotava uma enorme confiança e amizade entre sócios. Mas ambas seguiam de uma forma ou outra uma filosofia baseada no desempenho dos sócios durante o respectivo exercício social, concentrada primordialmente na facturação.

No segundo grupo encontramos, conforme referimos, a A. M. Pereira, Sáragga Leal, Oliveira Martins, Júdice & Associados e a

---

[25] Dez anos volvidos tem-se assistido a um movimento inverso, resultado de uma certa fadiga com o modelo mais empresarial do exercício da profissão e a pressão que os mesmos podem causar nas pessoas.

[26] À semelhança da Vasconcelos, F. Sá Carneiro, Fontes & Associados que, sendo uma sociedade de "segunda geração" adoptou claramente pelo lockstep. Da Carlos Aguiar, Ferreira de Lima & Associados. Da Macedo Vitorino. Da AAA. Da Franco Caiado Guerreiro, para citar mais alguns exemplos.

[27] Durante anos foi a maior sociedade de advogados do mundo (em número de profissionais) e ainda hoje é uma das cinco maiores.

Abreu & Marques e Associados. Ambas adoptaram um sistema de distribuição de lucros baseada na filosofia *eat what you kill*, mas, novamente, cremos, por razões distintas. A Abreu, Marques & Associados parece ter adaptado o antigo sistema de remuneração à hora à forma societária, em resultado, talvez, do seu funcionamento com uma forte inspiração de prática liberal individual, mas em conjunto.

A PLMJ assumiu desde o seu início um projecto claro de crescimento, numa clara aposta de ser a maior sociedade de advogados portuguesa, utilizando este facto como medida do seu sucesso, valências e qualidade, em que o sistema de distribuição de lucros foi, também, uma ferramenta para esse objectivo. Para isso terá contribuído por um lado a visão do Dr. António Maria Pereira, que encontrou no Luís Sáragga Leal, no Francisco Oliveira Martins, no José Miguel Júdice e no então Hugo Pinheiro Torres sócios mais novos, mas com quem construiu *inter pares* uma sociedade de advogados que foi, durante décadas, e continua a ser, uma das mais conceituadas no país. A diferença neste caso reside na visão deste conjunto de advogados que, apesar da desigualdade de idades entre o sócio mais velho e o segundo grupo, decidiram apostar num crescimento acentuado em todas as áreas de prática, adoptando uma política de distribuição de lucros adequada para esse efeito (embora o sistema tenha, segundo julgamos, sofrido inúmeras alterações e "afinações" ao longo dos tempos).

Conclusões

Que conclusões podemos tirar desta brevíssima resenha que fazemos, ainda para mais condicionada nos termos referidos? Cremos que as seguintes:

– Entre a maioria das sociedades citadas, a escolha de um sistema ou outro de distribuição de lucros não foi o resultado de uma escolha explícita e consciente, mas sim o resultado

de uma evolução da prática individual de uma ou duas pessoas, para a prática colectiva em sociedade;
- Nota-se um padrão semelhante nas sociedades de advogados que nasceram da prática de um ou dois advogados, sobretudo quando existiu uma diferença geracional;
- Nas sociedades de advogados constituídas entre pessoas da mesma geração o padrão é mais variado, notando-se que foi o resultado não de uma evolução, mas de uma decisão consciente de início do projecto;
- Seja qual for o sistema de distribuição de lucros adoptado, incluindo variações ou formas mitigadas do mesmo, o resultado foi sempre positivo. Das sociedades referidas, todas tiveram sucesso. Todas evoluíram positivamente. Muitas têm mais de cem advogados, escritórios em várias cidades, sólidas práticas profissionais, excelentes carteiras de clientes. Portanto, as opções que fizeram em determinado momento da sua existência quanto à forma de distribuição de lucros tiveram um impacto positivo nos resultados a médio e longo prazo;
- As sociedades que adoptaram o sistema de distribuição de lucros baseado no desempenho, parecem ter mais facilidades em angariar ou desafiar advogados com mais de 20 anos de experiência ou sócios de outras sociedades para integrarem o seu projecto do que as sociedades que adoptaram o sistema *lockstep*;
- As sociedades que adoptaram o sistema de *lockstep* parecem ser mais propícias à contratação de sócios via fusões do que através de contratações individualizadas de sócios ou de advogados com mais de 20 anos de experiência.

4. Nota Final

A adopção de um sistema ou outro ou um deles mitigado vai muito para além da mera distribuição de lucros. O sistema de distribuição de lucros adoptado por uma sociedade de advogados diz muito sobre a sua cultura, sobre os seus objectivos e inclusive se se tiver sido adoptado uma "forma pura" sobre os seus sócios. Mas, conforme refere o artigo da Adam Smith Esq.[27] as sociedades deverão utilizar o sistema de distribuição de lucros para dar forma à sua cultura e não deixar que a cultura da firma dê forma ao sistema de distribuição de lucros. Pois, se for o caso, perder-se-ão os objectivos essenciais.

4. Os Associados e Estagiários – As novas expectativas

FIND[*]

Já muito se escreveu e, principalmente, falou sobre as mudanças verificadas no mercado da Advocacia em Portugal, nos últimos anos.

A verdade é que as mudanças extraordinárias a que temos vindo a assistir ainda não pararam, nem vão, nos tempos mais próximos e na nossa opinião, diminuir.

Depois dos processos de fusão e de integração de várias Sociedades de Advogados, com o objectivo principal de redimensionar as próprias estruturas e de, assim, também poderem prestar um serviço mais completo aos seus clientes; depois de se ter considerado que o grupo das grandes estava definido; depois de se constatar que os Advogados, afinal, também mudam; depois de se concluir que a carreira já não se constrói da mesma forma, que as oportunidades já não surgem do mesmo modo, é tempo de reflectirmos sobre o que ainda aí virá e como é que Estagiários e Associados se posicionam no mercado.

Nos dias de hoje, as Sociedades de Advogados funcionam como uma estrutura cada vez mais organizada e com exigências e especificidades bastante concretas em relação ao seu capital humano. Por outro lado, os alunos do curso de Direito também já olham para o mercado com expectativas completamente diferentes.

É com base nesta dualidade que os estudantes encaram a licenciatura e a necessidade de desenvolverem, cada vez mais cedo, competências que vão para além da vertente puramente académica.

É evidente a preocupação daqueles relativamente à inserção no mercado de trabalho e à necessidade que têm em estar tão informados

---

[*] A FIND é a primeira empresa em Portugal exclusivamente especializada no recrutamento, selecção e colocação de advogados e assessores jurídicos de empresa.

quanto possível, com o objectivo de delinearem uma *estratégia de ataque*.

A concorrência é cada vez maior, tanto para quem se candidata, como para quem aposta num crescimento orgânico da sua estrutura e o mercado tem por objectivo assimilar os melhores, razão pela qual constatamos a importância que cada vez mais assume o recrutamento especializado.

Da experiência vivida intensamente. Ao longo destes últimos cinco anos, mantemos a ideia de que o Advogado Estagiário prefere, em regra, um Estágio rotativo a um especializado, mesmo que tenha já muito bem definida a área de prática onde pretende vir a especializar-se; valoriza a aposta na formação; necessita conhecer, objectiva e antecipadamente, quais as perspectivas de carreira, quais as condições de trabalho, quer físicas, quer em termos de compensação pecuniária e, sem dúvida, tem a tendência para privilegiar, cada vez mais, as estruturas que lhe permitam equilibrar a sua vida profissional e pessoal.

Esta atitude de maior objectividade no confronto com o mercado, a própria capacidade de negociação que alguns possuem já nesta fase, retira-lhes, de certo modo, genuidade, diminuindo também, em regra, a capacidade de desenvolver o *"amor à camisola"*, factor sempre valorizado no processo de formação de um profissional.

No entanto, confere-lhes a oportunidade, nunca antes imaginada, de conhecerem aprofundadamente as várias Sociedades em jogo e de, ainda que para um número reduzido de Candidatos, tomarem a sua decisão final com base no detalhe.

Entretanto, o Advogado Estagiário torna-se Associado e aí uma nova fase da sua carreira se abre, para a qual as expectativas são igualmente bastante diferentes daquelas que eram comuns aos jovens Advogados, há uns anos atrás.

Na verdade, é curioso constatar o facto de a geração de hoje necessitar de, por um lado, ter assegurado um conjunto de premissas que lhe dão a visão de estabilidade necessária à sua eventual continuidade na Sociedade onde realizou o estágio mas, por outro, de ter presente, com muito maior determinação, a importância de novos desafios.

Porém, neste processo de mudança, que ocorre com uma periodicidade média de 3/5 anos, todas aquelas premissas que acabamos de mencionar no que respeita à estabilidade da remuneração (embora para muitos a utilização desta expressão ainda choque) às perspectivas de progressão (o "plano de carreira") às condições de trabalho no geral, ao equilíbrio entre trabalho e família, têm de estar, de novo, igualmente presentes.

Hoje, os Advogados arriscam na estabilidade. A necessidade de mudar é efectiva, mas a mudança tem de conferir-lhes idênticos sinais de segurança. O risco é assumido com perspectivas totalmente opostas àquelas que, não há muito tempo, norteavam um profissional liberal.

Para além de factores educacionais, outros contribuíram decisivamente para o formatar desta nova geração. Com o risco de se poder cair na história do ovo e da galinha relativamente ao facto de considerar-se se foi o mercado que exigiu (entendendo-se para o efeito os clientes), se foram as Sociedades de Advogados que deram origem, somos de opinião que estas últimas tiveram um papel determinante neste processo, fundamentalmente, a partir de meados dos anos noventa.

De facto, o período de ouro que se viveu entre a 1990 e 2007, permitiu desenvolver, na maioria dos jovens Advogados, algumas características que se lêm mostrar menos positivas num contexto de menor actividade profissional.

A dinâmica então vivida determinou um crescimento com um menor grau de preocupação com a formação da pessoa enquanto Advogado, para além da de realização, com qualidade, do trabalho que, a um ritmo acelerado, surgia na secretária.

Neste sentido, hoje assistimos a uma geração de Associados que, com maior dificuldade, conseguirá gerar mais trabalho e, acima de tudo, mais clientes, pois a tal não foi ensinada. E este *handicap* pode tornar-se demolidor quando o advogado tem que voltar a confrontar-se com o mercado.

A isto acresce o carisma incontornável dos Sócios Fundadores de muitas Sociedades, o qual deixou pouco espaço para o aprender da importante actividade de procura e, ainda, a progressão a que se assistiu nesses anos, decidida com base em factores nem sempre transparentes e objectivos, muitas vezes até por força apenas de movimentos de fusão ou integração.

É por isso que, hoje, as Sociedades se vêem confrontadas com a necessidade de olharem de forma muito objectiva e pragmática para as suas estruturas e desenvolverem processos de saída mais ou menos forçados, situação também raramente vista em tempos não muito longínquos e para a qual o apoio profissionalizado se tem mostrado determinante.

Todo este conjunto de circunstâncias vem impor, agora, uma maior exigência por parte dos Associados na identificação com as características base da Sociedade onde se integram, uma maior informação relativamente à estratégia a desenvolver pelas estruturas de gestão das mesmas, um maior reconhecimento da figura dos Sócios e um apurado sentido crítico relativamente às decisões adoptadas.

Os tempos, efectivamente, mudaram. E com eles é preciso que as Sociedades também saibam adaptar a sua atitude, no sentido de concluírem que o seu valor está no capital humano que possuem, o qual necessita de ser acompanhado de forma diferente, seja no momento do elogio, seja no momento da crítica.

A nova geração questiona mais, está habituada a ter respostas imediatas (basta-lhe googlear), não hesita em comparar-se com o vizinho (ainda que com reduzida capacidade de distanciamento tornando, desse modo, a sua avaliação menos imparcial) e, em regra, entende que o que tem não é mais do que o merecido.

É por isso que, no âmbito do tal esforço de adaptação, as sociedades, e em particular os responsáveis pelo respectivo *management*, devem também dedicar especial atenção às áreas de suporte à actividade dos advogados (recursos humanos, administrativa e financeira, gestão do conhecimento, imagem e marketing).

Se assim não for, a tal geração de associados e alguns sócios, em posição para dar continuidade ao projecto dos fundadores, poderá ter um caminho penoso e, em certos casos, ingrato.

Todavia, e para terminar com optimismo, há sempre as excepções (e ainda existem muitas excepções) e estas devem ser, desde cedo, detectadas pelas Sociedades e devidamente acarinhadas, pois serão elas as capazes de garantir a manutenção do sucesso das verdadeiras firmas.

Neste sentido, podemos afirmar que o ano de 2009 foi o pontapé necessário ao desenvolvimento desta consciência, quer por parte de quem avalia, quer por parte de quem é avaliado.

5. Os Clientes

Luís Sáragga Leal[*]

A. ALGUMAS REFLEXÕES SOBRE A RELAÇÃO DAS SOCIEDADES DE ADVOGADOS COM OS CLIENTES

1. A relação das sociedades de advogados com os clientes e os deveres deontológicos

A Advocacia sempre foi uma profissão liberal comprometida com a boa administração da justiça, a defesa dos direitos, liberdade e garantias e a correcta aplicação das leis, mas também, e sobretudo, com a defesa intransigente dos legítimos interesses dos clientes.

O exercício da Advocacia no seio duma sociedade de advogados não descaracteriza essa matriz identificadora da profissão, antes lhes acrescenta especificidades próprias do seu exercício de forma colectiva.

Embora o novo Regime Jurídico das Sociedades de Advogados (RJSA) só contenha uma norma especial sobre a deontologia própria das sociedades de advogados (Art.º 60) – impedindo que a sociedade patrocine causas ou clientes diversos quando tal facto consubstancie uma situação de conflito de interesses, mesmo que a sociedade assegure internamente a criação de grupos de trabalho independentes (por efeito das vulgarmente designadas *chinese walls*) – o Estatuto da Ordem dos Advogados (EOA) consagra o princípio que as sociedades de advogados estão sujeitas aos mesmos princípios deontológicos aplicáveis aos advogados e constantes do próprio Estatuto (maxime Art.º 203 n.º 2).

---

[*] PLMJ – A.M.Pereira, Sáragga Leal, Oliveira Martins, Júdice & Associados – Sociedade de Advogados RL

Porém, como todos os deveres previstos no EOA foram tradicionalmente concebidos como dirigidos aos advogados em prática individual, torna-se necessário proceder à sua interpretação e adaptação não só às sociedades de advogados, mas também à sua aplicação, com especificidades, aos advogados que nelas exercem em comum a sua profissão.

Este problema de compatibilização entre deveres deontológicos colectivos da própria sociedade com os deveres individuais dos advogados que nela exercem a sua actividade, face às disposições do EOA ou do RJSA que não contém normas específicas para o exercício em comum da advocacia, é tanto mais complexo e intenso quanto maior for a dimensão das sociedades de advogados.

O exercício em comum da profissão impõe uma inevitável solidariedade nas responsabilidades éticas e uma acrescida partilha dos consequentes riscos profissionais e financeiros, que afectam não só os sócios como também os demais associados.

Essa partilha de riscos pressupõe uma mais ampla circulação e divulgação da informação relevante, maxime em sede de conflitos de interesse. Como pode a sociedade e cada um dos seus advogados avaliar se está em situação de conflitos de interesse se não houver mecanismos que assegurem um indispensável conhecimento de todos os clientes, causas e assuntos de que os demais advogados se ocupam? E quando identificada uma situação de conflito de interesses (embora potencial) quem decide, e com que critérios, como prevenir, remediar ou fazer cessar essa situação que pode envolver vários advogados da sociedade?

Por essa razão, algumas sociedades de advogados já dispõem dum Código Deontológico ou de Regulamento de Conflitos de Interesses cujas normas visam prevenir e resolver essas situações.

Deixamos aqui um repto ao ISA no sentido de promover um alargado debate sobre este tema, visando a adopção a prazo de um modelo de Código ou Regulamento a adoptar pelas sociedades membros, com as adaptações próprias em função da sua cultura, dimensão ou experiência passada.

2. A evolução da Advocacia nas últimas décadas e suas relações com os clientes

A Advocacia portuguesa tem sofrido uma significativa evolução nas últimas décadas, sobretudo em resultado da crescente internacionalização e especialização das sociedades de advogados. Quem viveu pessoalmente esta evolução pode afirmar categoricamente – e sem presunção! – que as principais sociedades nacionais estão em condições de competir com as suas congéneres estrangeiras, na competência e eficiência dos serviços prestados aos clientes mais exigentes, mesmo nas mais complexas e sofisticadas transacções ou questões jurídicas.

Mas nem sempre foi assim.

Até à década de 70 a Advocacia nacional era muito conservadora, quase "paroquial", caracterizada pela prevalência da actividade forense, desenvolvida em prática individual; a maioria dos advogados consagrados tinha mais de 50 anos e muitos mais de 60 e até 70! Os clientes mantinham, normalmente, com os seus advogados uma relação duradoura.

Na década de 70 assistiu-se ao aparecimento (tímido!) das primeiras sociedades, ainda "irregulares" até à publicação da primeira Lei das Sociedades de Advogados (Decreto-Lei n.º 513-Q/79 de 26 de Dezembro), cuja promulgação teve um parto difícil e com inúmeras vicissitudes.

Começou então a fase da **internacionalização passiva** dalgumas poucas sociedades, sobretudo em resultado dos crescentes investimentos estrangeiros em Portugal e da acelerada liberalização da nossa economia e, consequentemente, do mercado financeiro, pós-adesão à então CEE.

Os advogados portugueses estavam à época no final da cadeia de valor dos serviços profissionais prestados pelas sociedades de advogados – e por vezes pelos auditores – internacionais que acompanhavam a generalidade dos investidores ou grupos financeiros estrangeiros.

A partir da década de 80, e por pressão das crescentes exigências dos clientes, assistiu-se à gradual **especialização** dos serviços prestados pelas sociedades "*full service*" e pelas primeiras "*boutiques*" então constituídas. As especializações, então ainda incipientes, tinham como base as 5 ou 6 principais áreas do direito. Acentuou-se a clivagem entre a tradicional advocacia forense e os denominados "*business lawyers*".

A década de 90 assistiu ao acelerado **crescimento** das principais sociedades de advogados, até então com menos de 20 advogados, por vezes fruto das primeiras fusões entre escritórios de menor dimensão.

O crescimento visava reforçar a especialização, proporcionar "carreira societária" às mais jovens gerações de advogados formados pelas principais sociedades e assegurar uma acrescida capacidade de resposta às solicitações de volume de trabalho típicas das grandes transacções transnacionais. Acentuava-se então o "rejuvenescimento" da advocacia nacional onde já pontificava uma geração com menos de 50 anos.

Finalmente, com o advento do novo milénio, as sociedades de advogados foram diversificando as suas estratégias, algumas apostando na **globalização** da sua actividade com parcerias ou relações estáveis noutras jurisdições, como resposta à crescente internacionalização dos seus próprios clientes e do tecido empresarial nacional.

Cresceu o número de grandes sociedades de advogados estrangeiras, sobretudo inglesas e espanholas que, após experiências iniciais de associação com sociedades portuguesas, acabaram por se instalar autonomamente em Portugal.

Assiste-se ainda a um movimento de consolidação das principais e mais tradicionais sociedades de advogados, em paralelo com o aparecimento de novas sociedades como resultado de fusões e cisões, de maior ou menor dimensão, fenómeno natural dada a incipiente experiência societária da Advocacia nacional.

3. Uma perspectiva sobre a relação com os clientes no futuro próximo

Desta panorâmica breve sobre a evolução da Advocacia nacional nas últimas décadas, resulta que os grandes progressos verificados foram determinados pelos clientes, pelo factor "procura" a que as sociedades foram dando resposta em termos da qualidade, eficiência e especialização da sua "oferta" de serviços. Embora custe a alguns puristas, a prestação de serviços jurídicos pelas grandes sociedades de advogados, mais expostas à concorrência das suas congéneres estrangeiras, normalmente comercialmente mais agressivas e inovadoras, está hoje inevitavelmente sujeita a regras de mercado.

A selecção dos advogados (ou, por reflexo, das sociedades de advogados) estará cada vez mais sujeita a critérios de natureza economicista, em detrimento das tradicionais relações de confiança pessoal e fidelidade recíproca clientes/advogado. As principais sociedades são supostas prestar serviços básicos de qualidade, eficiência e especialização equivalentes, pelo que o critério decisivo e diferenciador passou a ser o "valor acrescentado" que cada sociedade trará para a própria actividade dos seus clientes.

Já não basta ser um competente e dedicado advogado, conhecedor dos principais ramos de direito, instrumentos contratuais ou financeiros; será determinante o conhecimento específico do negócio do cliente, das suas condicionantes regulatórias e concorrenciais, para o advogado poder participar na cadeia de geração de valor para o seu cliente. Já não basta saber Direito dos Contratos ou das Sociedades; elaborar um contrato de aquisição duma sociedade pressupõe conhecer as especificidades da actividade dessa sociedade, não sendo irrelevante tratar-se de uma operadora de telecomunicações, de uma sociedade do sector da energia, de uma instituição financeira, ou de um grupo de prestação de serviços de saúde.

Por outro lado, se o cliente for uma PME, o advogado terá uma responsabilidade acrescida na própria concepção do negócio e na negociação das suas condições, pondo a sua experiência pretérita ao serviço do cliente, compreensivelmente menos familiarizado com a complexidade de algumas transacções, sem porém atravessar a fronteira que diferencia os "*business lawyers*" dos "*businessmen.*".

Por estas razões, antecipo que a próxima década seja marcada pela necessidade de **especialização sectorial**, em função dos sectores de actividade (ou mercados globalizados) dos clientes. Essa tendência conduzirá à constituição de grupos multidisciplinares que procurarão conjugar as tradicionais especializações jurídicas com as crescentes condicionantes regulatórias e concorrenciais dos principais sectores de actividade.

Essa tendência, pressupõe uma política de **proximidade** ao cliente, baseada num permanente intercâmbio de informações jurídicas e comerciais, potenciado pelas novas plataformas tecnológicas e informáticas. A barreira entre o "advogado de empresa" e o "advogado externo" vai-se atenuar; o advogado de empresa, não podendo acompanhar a crescente sofisticação do direito dos negócios, vai-se transformando num contratador particularmente informado de serviços jurídicos especializados em *outsourcing* a sociedades que apostarão nas relações de acrescida proximidade com os seus principais clientes para poderem mais fácil, tempestiva e criativamente colaborar da procura tempestiva de soluções e menos na resolução a posteriori de problemas.

Algumas sociedades apostarão na afectação, a tempo inteiro ou parcial, dos seus advogados para trabalharem junto dos seus clientes (em regime de "*secondment*" ou similar) para reforçar essa política de proximidade.

As relações com os clientes deixarão de ser tão estáveis como no passado recente, na medida em que estes procurarão potenciar o binómio custo/benefício, recorrendo mais regularmente à prévia negociação dos honorários, muitas vezes decisivos na escolha ou manutenção dos seus advogados, sobretudo para novos projectos de maior complexidade. Conceitos originariamente anglo-saxónicos como "*beauty parades*", "*blended rates*", "*caps*", "*success fees*", etc., fazem hoje parte do léxico da generalidade das sociedades de advogados. E as sociedades assumirão cada vez mais uma política de parceria ou de *risk-sharing* com os seus principais clientes ou para os grandes projectos e transacções, transformando a sua política de honorários em instrumentos de captação de novos clientes.

4. A evolução das sociedades de advogados e a preservação da relação de confiança com os clientes

Nos últimos anos, vem-se acentuando um processo de **institucionalização** das principais sociedades de advogados e suas "marcas". Concluído um ciclo inicial da sua vida marcado pelo prestígio profissional dos seus sócios fundadores, as sociedades preparam-se para lhes sobreviver. Para o efeito apostam na crescente afirmação e notoriedade das suas mais jovens gerações de sócios e associados e procuram promover a indispensável "transição geracional".

Gradualmente, as sociedades vão-se transformando, correndo algumas o risco de se descaracterizarem relativamente ao seu "perfil fundacional"; outras ganharão novo ímpeto com a chegada de novos sócios e a renovação do seu quadro identitário.

Paralelamente, vai-se generalizar o exercício da Advocacia em sociedades de advogados, em número e dimensão crescentes, sobretudo nas grandes cidades, circunstância que continuará a contribuir para a formação e especialização das novas gerações de advogados.

Por seu turno, o acelerado crescimento das sociedades, grande parte delas nas últimas décadas, gera compreensíveis problemas de gestão, típicos de empresas de serviços de média dimensão, problemas com os quais os advogados não estavam habituados nem estão vocacionados para lidar. Mas mais delicada será ainda a gestão das "carreiras societárias" e das legítimas expectativas das mais jovens gerações de sócios e associados, cuja motivação é instrumento de progresso e garantia de estabilidade das sociedades numa visão de longo prazo.

Se esses factores não forem devidamente acautelados, agravar--se-á a tendência para a acrescida mobilidade dos advogados nas suas relações com as sociedades, com reflexos adversos na estabilidade das relações dessas sociedades com os respectivos clientes.

Em qualquer circunstância, será fundamental assegurar que todos os advogados mantenham uma relação pessoal e profissional directa com os clientes da sociedade, evitando a sua "funcionalização", incompatível com a natureza intrínseca da própria profissão.

Concluindo:

Urge evitar a excessiva mercantilização da prestação de serviços jurídicos pelos advogados ou a sobreposição de imperativos de racionalidade económica das sociedades à independência e responsabilização profissional dos seus advogados, sob pena de descaracterizar a Advocacia como profissão liberal, de raiz humanista e vocacionada para o serviço ao cliente, com base numa relação de confiança recíproca, como previsto no Artigo 92 n.º 1 do EOA.

Só que essa "relação de confiança" já não é unipessoal, ou seja, já não é estabelecida entre o Cliente e um Advogado.

Fruto do crescimento, da especialização, da gestão criteriosa de recursos e, até, da própria evolução da sociedade, a relação estende-se a um número alargado de advogados que amiúde já não são os que estiverem na origem dessa relação de confiança. Também da parte do cliente-empresa, multiplicam-se os interlocutores consoante a natureza das questões suscitadas o que contribui para a criação de uma teia multipessoal de relações profissionais, instrumentais duma nova relação de confiança com a própria sociedade de advogados.

B. CONFLITOS DE INTERESSES

João Paulo Teixeira de Matos[*]

INTRODUÇÃO

O presente texto corresponde à redução a escrito, ainda que com desenvolvimento em alguns pontos, da intervenção que tivemos a oportunidade de fazer no Encontro Nacional das Sociedades de Advogados de Portugal promovido pela ASAP – Associação das Sociedades de Advogados de Portugal realizado no Estoril em 21 de Junho de 2008.

Mais não pretende ser que um conjunto de reflexões e repositório de experiências acumuladas na prática da advocacia no âmbito de sociedades de advogados e, por essa mesma razão, não pretende conter qualquer tratamento exaustivo da matéria. Para além de dar a conhecer tais reflexões, pretende-se acima de tudo despertar as atenções para uma matéria que não tem sido objecto do necessário desenvolvimento a nível nacional, mas que cada vez assume maior importância.

Com carácter crescente, a advocacia é exercida em estruturas colectivas, cada vez mais as sociedades de advogados integram um número mais significativo de profissionais, a procura dos serviços prestados pelos advogados tem vindo a crescer o que conjugadamente determina e potencia o número e a importância dos conflitos de interesses.

---

[*] Sócio e membro do Comité de Ética e Normas Profissionais da Garrigues

A gestão de uma situação de conflito de interesses poderá mexer com aspectos profundos da relação entre os sócios de uma sociedade de advogados e é, frequentemente, na gestão destes processos, que a sua coesão é posta à prova. É necessário estar preparado para tal e reflectir previamente sobre este tipo de questões.

O texto que se segue parte da análise do enquadramento normativo do conflito de interesses, seguidamente tece algumas considerações sobre o conceito de conflito de interesses e suas modalidades, para depois se centrar sobre o processo de gestão dos conflitos de interesses. Termina com algumas reflexões sobre as especificidades dos conflitos de interesses no âmbito das sociedades de advogados, designadamente nos procedimentos que podem ser utilizados para gerir tais questões no âmbito de estruturas colectivas.

1. Fontes Normativas

A matéria dos conflitos de interesses dos advogados encontra estatuição normativa em diversas disposições e diplomas legais. Desde logo, o Estatuto da Ordem dos Advogados[1] ("EOA") , no seu Art.º 94.º, sob a epígrafe "Conflitos de Interesses", estabelece:

> "1 – O advogado deve recusar o patrocínio de uma questão em que já tenha intervindo em qualquer outra qualidade ou seja conexa com outra em que represente, ou tenha representado, a parte contrária.
> 2 – O advogado deve recusar o patrocínio contra quem, noutra causa pendente, seja por si patrocinado.
> 3 – O advogado não pode aconselhar, representar ou agir por conta de dois ou mais clientes, no mesmo assunto ou em assunto conexo, se existir conflito entre os interesses desses clientes.

---

[1] Lei n.º 15/2005 de 26 de Janeiro.

4 – Se um conflito de interesses surgir entre dois ou mais clientes, bem como se ocorrer risco de violação do segredo profissional ou de diminuição da sua independência, o advogado deve cessar de agir por conta de todos os clientes, no âmbito desse conflito.

5 – O advogado deve abster-se de aceitar um novo cliente se tal puser em risco o cumprimento do dever de guardar sigilo profissional relativamente aos assuntos de um anterior cliente, ou se do conhecimento destes assuntos resultarem vantagens ilegítimas ou injustificadas para o novo cliente.

6 – Sempre que o advogado exerça a sua actividade em associação, sob a forma de sociedade ou não, o disposto nos números anteriores aplica-se quer à associação quer a cada um dos seus membros."

Contém ainda o EOA um conjunto de disposições, de âmbito mais vasto, mas com inegável interesse e importância para a matéria dos conflitos de interesses. Assim:

"A honestidade, probidade, rectidão, lealdade, cortesia e sinceridade são obrigações profissionais." (Art.º 83.º, n.º 2);

"O advogado, no exercício da profissão, mantém sempre em quaisquer circunstâncias a sua independência [...]" (Art.º 84.º);

"O advogado é obrigado a guardar segredo profissional no que respeita a todos os factos cujo conhecimento lhe advenha do exercício das suas funções ou da prestação dos seus serviços [...]" (Art.º 87.º).

A matéria dos conflitos de interesses assume também relevância criminal. Dispõe o Art.º 370.º do Código Penal sob a epígrafe "Prevaricação de advogado ou solicitador":

"1 – O advogado ou solicitador que intencionalmente prejudicar causa entregue ao seu patrocínio é punido com pena de prisão até 3 anos ou com pena de multa.

2 – Em igual pena incorre o advogado ou solicitador que, na mesma causa, advogar ou exercer solicitadoria relativamente a pessoas cujos interesses estejam em conflito, com intenção de actuar em benefício ou em prejuízo de alguma delas."

Também o Código de Deontologia dos Advogados Europeus[2] contém disposições específicas sobre os conflitos de interesses:

"3.2 – 1 – O advogado não pode aconselhar, representar ou agir por conta de dois ou mais clientes relativamente ao mesmo assunto, se existir um conflito ou um risco sério de conflito entre os interesses desses mesmos clientes.

3.2 – 2 – O advogado deve abster-se de se ocupar dos assuntos de ambos ou de todos os clientes envolvidos quando surja um conflito de interesses, quando exista risco de quebra de confidencialidade, ou quando a sua independência possa ser comprometida.

3.2 – 3 – O advogado deve abster-se de aceitar o patrocínio de um novo cliente se tal colocar em risco o cumprimento do dever de guardar sigilo profissional relativamente aos assuntos de um anterior cliente ou se do conhecimento desses assuntos resultarem vantagens injustificadas para o novo cliente.

3.2 – 4 – Quando os advogados exerçam a sua actividade em grupo, os n.os 3.2.1 a 3.2.3 são aplicáveis ao grupo no seu conjunto e a todos os seus membros."

Por último, no que respeita às sociedades de advogados e em complemento do preceituado no n.º 6 do Art.º 94.º do EOA dispõe

---

[2] Publicado no Diário da República, II Série, n.º 249, de 27 de Dezembro de 2007.

o Art.º 60.º do Decreto-Lei n.º 229/2004 de 10 de Dezembro que estabelece o regime jurídico das sociedades de advogados ("RJSA"):

"A sociedade de advogados, ainda que assegure internamente a criação de grupos de trabalho independentes, não pode patrocinar causas ou clientes quando tal facto consubstanciar uma situação de conflito de interesses nos termos legais."

2. Noção de conflito de interesses

Como se referiu, é no Art.º 94.º do EOA que encontramos as principais disposições relativas a conflitos de interesses. Todavia, nesta disposição legal encontramos normas que directamente regulam questões relacionadas com conflitos de interesses e outras que, ainda que versando sobre realidades muito próximas sob o ponto de vista ético e deontológico, não se referem ao conflito de interesses em sentido próprio.

Com efeito, desde logo a norma contida no n.º 1 do Art.º 94.º não é uma norma sobre conflito de interesses, ainda que possa ser aplicada em situações onde também exista um conflito de interesses. De acordo com tal preceito, o advogado deve recusar o patrocínio de uma questão em que já tenha intervindo em qualquer outra qualidade ou seja conexa com outra em que represente, ou tenha representado, a parte contrária.

Compreende-se a razão de ser da norma. Em termos gerais, há que proteger a dignidade da profissão e a relação com os clientes (ainda que após o seu termo) de modo a que o advogado não seja visto pela comunidade como um profissional que, desprovido de princípios éticos, hoje defende uma posição, amanhã defende o contrário. Mas, mais do que isso, importa evitar que o advogado seja colocado em situações em que, ainda que potencialmente, possa pôr em risco o dever de lealdade, a independência e o sigilo profissional previstos nos Art.º 83.º, 84.º e 94.º do EOA, respectivamente. Na verdade, se o advogado pudesse intervir em representação de clientes em *questões*[3] onde já tivesse tido intervenção poderia, por exemplo, ser levado a utilizar (ou o cliente ter a expectativa dessa utilização) informações que obteve nessa outra intervenção.

E o mesmo se diga do n.º 2 do Art.º 94.º do EOA. Com efeito, ao impor ao advogado que recuse o patrocínio contra quem, noutra causa pendente, seja por si patrocinado, está o legislador a defender a dignidade da profissão, a lealdade e a tutela da confiança da relação advogado/cliente, independentemente da existência de um conflito de interesses. A norma em causa é de aplicação, mesmo que não exista um conflito de interesses. As duas causas podem versar sobre questões totalmente distintas, não havendo pois qualquer conflito, e mesmo assim o advogado estar impedido de exercer o patrocínio. Na verdade, mal se compreenderia que o advogado que patrocina um cliente numa determinada causa pudesse livremente demandar esse mesmo cliente, ainda que em matéria totalmente alheia. A relação de confiança que subjaz ao primeiro mandato dificilmente poderia manter-se intocada se esse mesmo advogado, num outro assunto, agisse contra esse mesmo cliente. Ou seja, o âmbito de aplicação deste preceito não pressupõe, nem exige a existência de qualquer conflito de interesses.

Por último, também o n.º 5 do Art.º 94.º do EOA é uma norma que não pressupõe ou exige um conflito de interesses. Na sua essência ela visa também proteger os valores e a dignidade da profissão, vedando ao advogado que se coloque em situações, designadamente através da aceitação de novos clientes, que ponham em causa a manutenção do seu dever de segredo profissional. Uma vez mais não será necessário que o novo cliente tenha qualquer conflito de interesses com o anterior cliente – o que é necessário é que pela

---

[3] A utilização da expressão "questão" no número 1 do Art.º 94.º do EOA e da expressão "causa" no n.º 2 desse mesmo preceito, evidencia que o n.º 1 se aplica a qualquer intervenção do advogado, seja ela judicial ou não. Neste sentido v. os Acórdãos do Conselho Superior de 7/3/63, ROA, 24.º, p. 101 e de 20/2/58, ROA, 18.º, p. 426.

aceitação do novo cliente o advogado não corra o risco de quebrar o sigilo profissional ou gere vantagens ilegítimas ou injustificadas a esse novo cliente fruto do patrocínio anterior.

Assim, podemos concluir que dos diversos comandos constantes do Art.º 94.º do EOA, somente os n.º 3, 4 e 6 versam especificamente a matéria dos conflitos de interesses:

- O n.º 3 contém a disposição geral nesta matéria – o advogado está impedido de aconselhar, representar ou agir por conta de dois ou mais clientes, se existir conflito entre os interesses desses clientes;
- O n.º 4 trata dos conflitos de interesses *supervenientes* – se no decurso do patrocínio surgir um conflito de interesses entre dois ou mais clientes, o advogado deve cessar o patrocínio de *todos*[4] os clientes conflituados, no âmbito desse conflito;
- O n.º 6, com particular importância para as sociedades de advogados, encarrega-se de determinar que sempre que o advogado exerça a profissão em associação com outros advogados, as normas que acabamos de referir aplicam-se não só à associação, mas a cada um dos seus membros. Esta norma deverá ser lida em conjunto com o Art.º 60.º do RJSA pelo que adiante voltaremos a esta questão.

As normas que temos estado a analisar indicam a conduta do advogado quando exista uma situação de conflito de interesses, originária ou superveniente, mas não adiantam qualquer definição de "conflito de interesses". Ou seja, sabemos como agir perante uma situação de conflito, mas não encontramos definição legal dessa situação.

---

[4] Bem se compreende que não seja permitido ao advogado "escolher" o cliente com quem se mantém devendo cessar o patrocínio de todos os que estão em conflito. Solução diversa seria susceptível de pôr em risco a confiança advogado/cliente, pedra basilar de toda a profissão.

E tal não ocorre certamente por obra do acaso. Parece-nos que essa posição do legislador foi intencional[5] e por razões que bem se compreendem. As realidades que podem ser qualificadas como "conflito de interesses" são tão diversas e multifacetadas que qualquer definição correria sempre o risco sério de ser demasiado redutora abrindo caminho a que não se tratassem como verdadeiros conflitos situações lesivas dos interesses da profissão.

Sem uma definição do conceito de conflito de interesses, exige-se ao advogado uma permanente vigilância dos assuntos em que intervém de modo a identificar a existência de risco de conflito entre os clientes que representa, ou que se propõe representar, e determinar se, há luz dos princípios norteadores da profissão, designadamente os que encontramos nos citados Art.º 83.º, 84.º e 87.º do EOA decidir se deve aceitar ou manter o patrocínio.

Conforme enuncia o Memorando Explicativo do Código de Conduta dos Advogados Europeus[6] "as disposições do artigo 3.2.1 não impedem o advogado de representar dois ou mais clientes numa mesma questão desde que os interesses destes não estejam em conflito e desde que não exista risco significativo de que tal venha a acontecer. Quando o advogado já representa dois ou mais clientes desta forma e surge um conflito de interesses entre esses clientes ou existe risco de quebra de confidencialidade ou outras circunstâncias potencialmente comprometedoras da independência do advogado,

---

[5] Idêntica situação ocorre no Código de Deontologia dos Advogados Europeus.

[6] Este Memorando Explicativo foi preparado, a pedido do Comité Permanente do CCBE, pelo Grupo de Trabalho de Deontologia do CCBE, que já havia sido responsável pela elaboração da primeira versão do Código de Conduta propriamente dito. O seu objectivo é explicar o sentido e a origem das disposições contidas no Código, ilustrar os problemas para cuja resolução aquelas foram concebidas – particularmente no que respeita a actividades transfronteiriças – e auxiliar as Autoridades Competentes dos Estados-Membros na interpretação do Código. O Memorando Explicativo foi actualizado na Sessão Plenária do CCBE de 19 de Maio de 2006.

este deverá cessar a representação de ambos ou de todos esses clientes. Contudo, podem ocorrer situações de diferendo entre dois ou mais dos seus clientes onde se justifique que o advogado tente intervir como mediador. Nesses casos, cabe ao advogado julgar por si próprio se existe ou não um conflito de interesses que obrigue à cessação da representação dos seus clientes. Caso tal não se verifique, o advogado poderá considerar apropriado expor a situação aos clientes, obter o seu consentimento e tentar agir como mediador na resolução das suas diferenças. Nesse caso, o advogado só deverá cessar a representação dos clientes se a tentativa de mediação falhar."

Dito de outro modo, caberá ao advogado determinar se existe um efectivo e verdadeiro conflito (e não apenas um diferendo ou oposição de posições) e risco sério de violação da independência ou segredo profissional. E para tanto terá que se socorrer dos princípios éticos e deontológicos norteadores da profissão que lhe darão a necessária resposta. Ou seja, será o perigo para estes princípios que determinará ao advogado que não aceite ou se retire do patrocínio de determinados assuntos ou clientes.

Como salienta o Memorando Explicativo, esta análise pode envolver os próprios clientes, quer no sentido de se mediar (e assim eliminar o conflito), quer no sentido de determinar se há um verdadeiro e real conflito ou mera divergência de posições que não põe em causa os deveres de lealdade ou de confidencialidade.

Não significa isto, contudo, que os conflitos de interesses se possam solucionar através do consentimento dos clientes. Importa ter presente que as normas legais que temos vindo a enunciar determinam um conjunto de comportamentos tendentes a defender a relação advogado/cliente e também a profissão de advogado na sua plenitude. Assim, não são normas que estejam na livre disposição das partes. Contudo, sem comprometer este princípio, é sempre possível – e nalguns casos desejável até – fazer intervir os clientes em alguma fase do processo de gestão do conflito, quanto mais não seja para determinar se existe um verdadeiro conflito de interesses.

3. Modalidades de conflitos de interesses

Para além dos conflitos de interesses *originários* – aqueles que ocorrem no momento da aceitação de um cliente ou de um assunto de um determinado cliente e dos conflitos de interesses *supervenientes* – aqueles que, por razões atinentes aos clientes ocorrem entre dois ou mais clientes de um determinado advogado em determinada fase temporal da relação de prestação de serviços, por vezes distinguem-se os conflitos de interesses em sentido próprio dos chamados conflitos (de interesses) de natureza "comercial".

Os primeiros são aqueles a que se reportam as normas que temos vindo a analisar e partilham algumas características comuns:

- São situações que estão previstas e/ou reguladas (com maior ou menor detalhe) numa norma legal, deontológica ou profissional;
- A sua resolução deverá fazer-se seguindo as normas e critérios estabelecidos pelo normativo aplicável;
- Se não se detectam ou solucionam adequadamente, podem dar lugar a responsabilidade legal (tanto civil, como disciplinar e, em alguns casos extremos, criminal).

Os segundos correspondem a situações que não se podem qualificar como conflitos de natureza deontológica mas que correspondem a algum nível de oposição de interesses entre clientes do mesmo advogado. São clássicos os exemplos das empresas em alguns mercados, principalmente de estrutura oligopolística, que não aceitam que o seu advogado seja também advogado de um seu concorrente, ainda que em assuntos que não conflituam entre si e em que o acesso a informação reservada sobre os negócios das empresas não está em causa (já que aí sim se poderia estar perante uma situação que pusesse em causa o sigilo profissional). Trata-se somente de um interesse, mais ou menos legítimo, que um cliente tem de que o seu advogado não seja também advogado de um concorrente seu. São situações bastante frequentes na dita advocacia de negócios e que cada vez tem mais acuidade nas sociedades de advogados que adoptam modelos de especialização. Com efeito, pode ocorrer que o departamento de direito societário assessore a empresa A e que o departamento de direito laboral assessore a empresa B, concorrente de A. Pela natureza dos assuntos acompanhados por cada um dos departamentos e não havendo uma situação conflituante entre A e B, não se estará perante um conflito de interesses em sentido próprio. Todavia, A poderá pretender que o tal escritório não assessore B, ainda que o dito escritório respeite plenamente as suas obrigações de natureza deontológica. Ou seja, para poder assessorar B, o escritório dos advogados irá necessariamente criar uma situação conflituante com A.

Os conflitos de natureza comercial, porque não decorrentes do risco de violação de qualquer obrigação de natureza deontológica, permitem uma maior flexibilidade na sua resolução com recurso aos critérios, prioridades ou valores que se considerem mais adequados ou convenientes. Mas não significa isto que sejam mais fáceis de solucionar, muito pelo contrário. Se não se detectam, gerem e resolvem adequadamente não deverão dar origem a responsabilidade de natureza legal, mas podem ter um impacto na actividade do escritório ou na relação com determinados clientes que não deve ser ignorada e que pode assumir proporções bem mais significativas.

4. Gestão de conflitos de interesses

Os conflitos de interesses exigem uma gestão permanente e proactiva por parte do advogado, que se desenvolve normalmente em três fases:

- *Detecção*: O advogado deve estar permanentemente atento às situações conflituantes, principalmente quando aceita novos clientes ou assuntos novos de clientes pré-existentes. Tal escrutínio deve ser prévio à aceitação de clientes e de assuntos pois as consequências de uma efectiva situação conflituante podem ser de difícil ou impossível solução. Nesta detecção o advogado deve actuar de forma diligente. A título meramente exemplificativo, à primeira vista poderá não detectar nenhuma situação de conflito entre uma sociedade que aparece a solicitar os seus serviços e um dos seus actuais clientes. No entanto, actuando com alguma diligência, poderá verificar que essa sociedade é controlada por outra, que se encontra numa situação conflituante com um dos seus actuais clientes. Ou seja, não basta olhar para a realidade formal, como ela se apresenta. É necessário ir mais fundo e procurar os possíveis pontos de conflito.

- *Gestão*: Detectado o conflito, há que iniciar um processo de gestão desse mesmo conflito com vista à obtenção da informação que se considere relevante e necessária, bem como quanto à ponderação dos interesses e valores em causa. Este processo de gestão é necessariamente um processo aberto, no qual os clientes e potenciais clientes podem ser consultados, sujeito ao que o advogado entenda em consciência por conveniente, mas sempre norteado pelos princípios éticos e deontológicos norteadores da profissão. Será contudo determinante que seja expedito pois é manifestamente desaconselhável eternizar situações de conflito.
- *Decisão*: O culminar do processo de gestão é naturalmente a decisão do advogado sobre o conflito com que se deparou. Poderá passar por soluções mais radicais – não aceitação do novo cliente ou assunto, cessação do patrocínio de todos os clientes conflituados – ou por soluções mais consensuais como a mediação, conforme se refere no citado Memorando Explicativo. Uma vez mais serão os princípios éticos e deontológicos da profissão que deverão ditar a solução a seguir. E por vezes a solução é bem dolorosa ou difícil de tomar. São conhecidos casos de escritórios que tiveram de deixar de acompanhar clientes seus de muitos anos em operações extremamente interessantes somente porque nessas operações se encontravam envolvidos outros clientes seus.

A decisão de um conflito de interesses é um dos momentos mais importantes da vida profissional do advogado em que é posta à prova a sua consciência profissional e a sua identificação com os valores da profissão. Uma boa gestão e consequente eficaz decisão sobre um conflito de interesses é inquestionavelmente uma prova de maturidade profissional a que todo o advogado, mais cedo ou mais tarde, acabará por estar sujeito.

5. Caso específico das sociedades de advogados

5.1. *Problemática*

Sendo integradas por advogados e respondendo à necessidade de exercício colectivo da profissão, a actividade dos advogados desenvolvida no âmbito das sociedades de advogados encontra-se necessariamente sujeita às regras e princípios que temos vindo a apreciar.

Contudo, as sociedades de advogados colocam problemas específicos que exigem resposta adequada.

Desde logo, o facto de vários advogados exercerem colectivamente a profissão potencia o número de clientes e de assuntos acompanhados pelo colectivo de advogados. A sublinhar este aspecto está a realidade a que temos vindo a assistir de sociedades de advogados com centenas de profissionais, por vezes com localização e actuação plurijurisdicional, bem como de clientes que são acompanhados pela sociedade nos diversos países em que esta tem presença.

Estas realidades colocam desafios, não só de grau – quanto maior for o número de advogados e quantos mais escritórios tiver a sociedade, maior será o potencial de clientes e de assuntos (e consequentemente de conflitos) mas também de fundo – exercendo a sociedade a sua actividade em diferentes jurisdições os advogados que a integram conviverão com regras deontológicas necessariamente diferentes mas cujo desrespeito poderá originar consequências para todos.

Uma abordagem possível do problema seria tratar cada advogado como uma célula isolada de um grupo, responsável pelos seus próprios conflitos de interesses. Todavia esta abordagem a breve trecho tornaria inviável que a sociedade de advogados pudesse oferecer os seus serviços de modo credível.

Seria impraticável que advogados exercessem a profissão debaixo do "mesmo tecto", repartindo os resultados dessa actividade, mas olhassem para cada advogado, no que respeita à problemática dos conflitos de interesses, como um profissional independente dos demais.

Não foi esse o caminho seguido pelo nosso legislador, nem é esse o consenso atingido a nível europeu.

Com efeito, nos termos do n.º 6 do Art.º 94.º do EOA, "sempre que o advogado exerça a sua actividade em associação, sob a forma de sociedade ou não, o disposto nos números anteriores aplica-se quer à associação quer a cada um dos seus membros". Ou seja, sendo a advocacia exercida colectivamente, quer a sociedade, quer os seus membros estão obrigados a observar os princípios aplicáveis em sede de conflitos de interesses, quer quanto à sua actividade individual específica, quer quanto à dos demais sócios e/ou associados e da própria sociedade. Daqui decorre que quando o advogado exerce a profissão em sociedade, o conflito de interesses pode surgir quer quanto aos clientes e assuntos por si acompanhados (não se distinguindo pois do advogado que exerça a profissão em prática isolada), quer quanto aos clientes e assuntos acompanhados por outros sócios e/ou associados, ou pela própria sociedade.

Por seu turno, o Art.º 60.º do RJSA determina que "a sociedade de advogados, ainda que assegure internamente a criação de grupos de trabalho independentes, não pode patrocinar causas ou clientes quando tal facto consubstanciar uma situação de conflito de interesses nos termos legais". Com esta norma pretendeu o legislador reforçar o comando constante do citado n.º 6 do Art.º 94.º do EOA evitando que se lançasse mão do mecanismo designado nalgumas jurisdições por "*chinese walls*" para contornar a estatuição legal. A criação destes grupos de trabalho independentes entre os quais se estabelecem barreiras de acesso a informação é rejeitada pelo nosso legislador como uma forma de solucionar/afastar os conflitos de interesses. Compreende-se a intenção do legislador. Não sendo os conflitos de interesses matéria limitada à relação advogado/cliente, antes tendo uma abrangência superior que toca a essência da dignidade da profissão, mal e compreenderia que através da mera criação de grupos mais ou menos autónomos dentro da mesma sociedade de advogados, se pudessem representar clientes em claro conflito.

No entanto, os tais grupos autónomos ou "*chinese walls*" poderão ter alguma função e utilidade no nosso ordenamento jurídico. Na verdade, refere o preceito em análise que a criação de tais grupos não autoriza a representação de clientes quando exista um conflito de interesses "nos termos legais". Ora, o que é um conflito de interesses nos termos legais? Como parece evidente, conflito de interesses "nos termos legais" não poderá ser outro que não aquele que a lei qualifique ou considere como tal. Vimos já que a lei não define "conflito de interesses" antes tendo optado por abrir o caminho à integração das situações concretas através da utilização operativa de princípios basilares da profissão como seja a integridade, a lealdade, a independência ou o sigilo profissional. Deste modo, quando falamos em conflito de interesses nos termos legais estaremos necessariamente a fazer referência àquele tipo de conflito que acima qualificámos como conflitos de interesses em sentido estrito ou próprio.

Para além dos conflitos de interesses em sentido próprio, cada vez nos deparamos mais com situações de conflito de natureza "comercial" ou seja, conflitos que não contendem com princípios deontológicos fundamentais mas que, nem por isso, deixam de poder ter grande impacto na sociedade de advogados, como vimos. Ora, quanto a estes, não estando abrangidos pela proibição constante do citado Art.º 60.º do RJSA, já que não são conflitos "nos termos legais", poderão em algumas circunstâncias utilizar-se as *chinese walls* como forma de os ultrapassar. Na gestão destes conflitos, como vimos, será em alguns casos aconselhável envolver os clientes em conflito por forma a que a solução encontrada mereça a concordância de todos.

No entanto, como a linha divisória entre conflitos em sentido próprio e conflitos "comerciais" não é fácil de traçar, haverá sempre que agir com a máxima prudência.

Também a problemática específica das sociedades de advogados mereceu a atenção do Código de Deontologia dos Advogados Europeus (Art.º 3.2.4.) na linha do que encontramos estatuído a nível nacional. Como refere o Memorando Explicativo "o artigo 3.2.4 (do Código de Deontologia dos Advogados Europeus) estende as disposições dos artigos precedentes – 3.2.1, 3.2.2 e 3.2.3 – aos advogados que exercem a sua actividade em grupo. Por exemplo, uma sociedade de advogados deverá cessar a sua representação quando exista um conflito de interesses entre dois dos seus clientes, ainda que esses clientes sejam acompanhados por diferentes advogados da sociedade".

5.2. Procedimentos

Os conflitos de interesses assumem maior relevo nas sociedades de advogados quer, como referimos, pelo maior volume, frequência e dimensão em que podem ocorrer, quer porque a sua decisão depende de um colectivo mais ou menos alargado de sócios, por contraposição com a decisão individual do advogado que exerça a profissão em prática isolada.

Assim, é imperioso que as sociedades de advogados estabeleçam procedimentos internos destinados a gerir os conflitos de interesses, devendo todos os advogados que exercem a actividade no âmbito da sociedade estar familiarizados com tais procedimentos. É também imperioso que os procedimentos adoptados sejam expeditos e ágeis, já que a relação com o cliente pode ser posta em causa e valores deontológicos fundamentais podem estar em perigo.

Nesta matéria, como em muitas outras, não há "fórmulas mágicas" e cada sociedade deverá adoptar os procedimentos que considere mais apropriados tendo em conta factores como a sua dimensão, estrutura e sistemas disponíveis.

Não obstante, parece-nos que não será desprovido de utilidade fazer algumas considerações sobre procedimentos que poderão ser seguidos em cada uma das fazes em que decompusemos o processo de gestão de conflitos de interesses.

1. Detecção

Uma gestão eficaz de conflitos de interesses depende do seu conhecimento pela sociedade de advogados e pelos seus sócios, ou seja, da identificação de uma situação como de "conflito de interesses".

A primeira regra a observar neste domínio é que o conhecimento e a identificação de um conflito de interesses deve ocorrer o mais cedo possível e sempre antes de se dar início à prestação dos serviços. De outro modo, a sociedade de advogados e os advogados que nela exercem a actividade poderão ver-se envolvidos em concretas situações violadoras dos seus deveres legais e deontológicos com consequências para si próprios e para os clientes, consequências estas que podem ser de difícil ou impossível remédio, principalmente nos casos em que esteja em causa a quebra do sigilo profissional.

Assim, o momento crucial para a detecção do conflito de interesses será o processo conducente à aceitação pela sociedade de um novo cliente ou de um novo assunto.

Para que a detecção possa ser eficaz é necessário que a sociedade de advogados adopte um sistema de partilha de informação que permita ao advogado a quem se coloca a aceitação de um novo cliente ou assunto verificar se esse cliente ou assunto tem o potencial de conflituar com algum outro cliente ou assunto acompanhado pela sociedade de advogados.

Uma das formas mais eficientes de o fazer será a adopção de uma base de dados onde se inclua a identificação dos clientes da sociedade e dos assuntos que estão a ser ou foram acompanhados pela sociedade. Existindo esta informação, o advogado a quem se coloca a aceitação de um cliente ou assunto poderá fazer uma primeira triagem sobre a eventual existência de conflitos.

O acesso à base de dados poderá ser mais ou menos alargado, dependendo da estrutura organizativa da sociedade. Por exemplo, se a sociedade encarregar a decisão sobre a aceitação de clientes e assuntos a um sócio ou comité de sócios, poderá o acesso a tal base de dados ser limitada a estes. Neste caso, o advogado que se depara com um novo cliente ou assunto apenas terá que transmitir a solicitação do novo cliente ou assunto ao dito sócio ou comité de sócios fazendo estes a verificação.

Há sociedades que adoptam modelos menos estruturados designadamente através do envio de uma comunicação a todos os sócios e/ou associados relativamente à aceitação de um novo cliente e/ou assunto com o propósito de os destinatários identificarem situações de conflito com os clientes ou assuntos que estão a acompanhar. Parece-nos um procedimento sujeito a algumas debilidades – por um lado, caso algum dos destinatários da comunicação seja menos diligente na resposta, poderá acontecer que a detecção do conflito só venha a ocorrer em momento posterior à aceitação do novo cliente ou assunto e até numa fase em que os serviços já se iniciaram; por outro lado, para possibilitar uma eficaz detecção do conflito o advogado que envia a comunicação aos demais poderá ter que revelar informações quanto à natureza e âmbito dos serviços que estão a ser solicitados o que poderá gerar, por si só, dificuldades no âmbito da manutenção do sigilo profissional.

Acima de tudo o importante é que se criem sistemas suficientemente ágeis e actualizados para que a verificação se possa fazer com elevado grau de segurança.

Um aspecto que importa sublinhar é que a detecção de um conflito de interesses se torna mais complexa quando os clientes ou assuntos em causa envolvem pessoas colectivas, *maxime* sociedades integradas em grupos. Com frequência, os nomes das sociedades não são coincidentes ou não incluem o nome ou nomes do próprio grupo. Assim, pode ocorrer que uma verificação pelo simples nome das entidades directamente envolvidas no conflito não seja suficiente para determinar que, por exemplo, uma delas é controlada por um cliente da sociedade de advogados. O processo de detecção de um conflito de interesses deve procurar recolher toda a informação possível que permita, com um grau de diligência exigível, conhecer a real extensão do eventual conflito. Daqui decorre que uma simples base de dados de clientes pode não ser suficiente para a detecção. Será certamente um ponto de partida que, nalguns casos, não dispensará averiguações mais aprofundadas.

2. Gestão

Também aqui as sociedades de advogados apresentam algumas particularidades por contraposição aos advogados em prática individual.

Detectado um conflito de interesses há que o qualificar – conflito em sentido próprio ou conflito "comercial", conflito originário ou conflito superveniente com vista à decisão a tomar.

Nos seus procedimentos internos nesta matéria é conveniente que a sociedade de advogados tenha claramente definido como e quem procede a esta gestão.

Uma solução possível é cometer aos sócios responsáveis pelos clientes em conflito a gestão do mesmo. Não nos parece que seja a solução mais eficaz. Na verdade, os interesses individuais de cada um podem levar a que surjam fracturas entre o colectivo de sócios em matérias que são bastante delicadas e que podem implicar decisões tão drásticas como deixar de patrocinar um cliente "de toda a vida". É importante que exista uma outra instância de apreciação, com algum distanciamento face aos sócios directamente responsáveis pelos clientes conflituados, que possa analisar o assunto com a necessária frieza.

Como referimos, o processo de gestão de conflitos de interesses implica testar uma situação concreta à luz de diversos princípios deontológicos, não sendo pois uma tarefa fácil. O envolvimento demasiadamente próximo com a situação é propício a que se não consiga ter a necessária objectividade.

Deste modo, uma solução possível será cometer a um sócio, ou idealmente, a um grupo de sócios (que não obviamente aqueles que representam os clientes conflituados) a análise das situações de conflito. As vantagens de um "órgão" específico dentro da sociedade que se dedique a estas matérias são inegáveis – por um lado não há um envolvimento tão próximo com a situação; por outro, haverá uma experiência e conhecimento adquiridos ao longo do tempo que facilitarão a análise conducente à decisão.

Há sociedades que combinam os dois modelos, o que será talvez mais ágil e eficiente. Num primeiro momento a gestão é feita pelos sócios responsáveis pelos clientes conflituados e, só numa segunda fase, quer porque já se chegou a alguma conclusão que é desejável seja confirmada num segundo nível, ou porque não se consegue chegar a consenso, o assunto é levado ao sócio ao grupo de sócios designados responsáveis pela gestão dos conflitos de interesses.

3. Decisão

Uma vez mais, a decisão em que culminará a gestão de um conflito de interesses apresenta particularidades nas sociedades de advogados em confronto com os advogados em prática individual. No caso destes, a decisão é individual e talvez mais difícil de tomar pois não haverá outros colegas com quem a contrastar ou partilhar. No caso das sociedades de advogados haverá sobretudo que ter claro *quem* decide. A questão não é de menor importância. Em poucas situações a coesão entre o colectivo de sócios poderá ser posta tão à prova e, por isso, é importante que a decisão a tomar – que poderá envolver aspectos financeiros importantes para a sociedade ou as relações duradouras de alguns sócios com clientes – seja tomada por quem, estatutária e/consensuadamente tenha a legitimidade para a tomar.

Deverá ter-se presente que a decisão de um conflito de interesses poderá implicar que não se patrocine um cliente num determinado assunto em virtude de outro assunto, porventura até de menor relevância, que está a ser acompanhado pela sociedade. Essa recusa de patrocínio poderá levar a que esse cliente deixe de recorrer aos serviços da sociedade com impacto directo sobre os resultados financeiros da sociedade e/ou de alguns dos sócios, dependendo do esquema de remuneração adoptado.

São várias as entidades que podem decidir – o *managing partner*, o sócio ou grupo de sócios encarregues da gestão dos conflitos de interesses, o colectivo dos sócios (o que somente será praticável em sociedades de reduzida dimensão) – o importante é que previamente o decisor esteja identificado e que os demais sócios tenham a consciência que nalgum momento da sua permanência da sociedade poderão ver-se confrontados com uma decisão que, à luz dos princípios deontológicos que temos vindo a referir – ponha o interesse colectivo, o interesse da sociedade, acima do interesse individual de cada sócio.

Embora à primeira vista estes procedimentos possam parecer burocratizados a verdade é que a prática demonstra que são bastante fáceis de implementar e, quando ocorre a sua assimilação pelos advogados que desenvolvem a actividade profissional na sociedade, toda a gestão de conflitos de interesses se torna bem mais fácil.

Uma última referência à formação, área a que por vezes não se dá suficiente importância.

Referimos que um dos princípios basilares na gestão de um conflito de interesses é a sua detecção atempada. Ora, para que tal possa ocorrer é essencial que os advogados estejam familiarizados com esta problemática e que conheçam os procedimentos adoptados pelo escritório. Deste modo, afigura-se-nos altamente recomendável que, com alguma periodicidade, a sociedade organize acções de formação para todos os seus advogados, quer para aumentar o nível de consciência para os problemas, quer também para facilitar a gestão e decisão de conflitos de interesses. Com frequência, alguma "crispação" que pode surgir entre os sócios por ocasião da gestão de um conflito de interesses resulta de um insuficiente grau de conhecimento ou de familiarização com estas matérias e dos princípios que as enformam. Através da formação poder-se-á contribuir para criar condições mais favoráveis quer à detecção, quer à gestão dos conflitos de interesses.

BIBLIOGRAFIA

ABREU, Luís Vasconcelos de: "O Estatuto da Ordem dos Advogados e a relação entre mandante e mandatário judicial", Revista da Ordem dos Advogados, Ano 62, Vol. 1 – Jan. 2002

ARNAUT, António: "Estatuto da Ordem dos Advogados Anotado", 12.ª Edição, Coimbra Editora, 2009

Arnaut, António: "Iniciação à Advocacia – História, Deontologia, Questões Práticas", 10.ª Edição revista, Coimbra Editora, 2009

Arnaut, António: "O Novo Estatuto da Ordem dos Advogados", Boletim da Ordem dos Advogados, n.º 37, Maio/Junho de 2005

Cardoso, Augusto Lopes: "Do Segredo Profissional na Advocacia", Centro Editor Livreiro da Ordem dos Advogados, 1997

Costa, Orlando Guedes da: "Direito Profissional do Advogado", 6.ª Edição, Almedina, 2008

Ferraz, Sérgio: "O Controlo Ético do Exercício Profissional: Modelos de Integração", Revista da Ordem dos Advogados, Ano 60, Vol II

C. VANTAGENS E DIFICULDADES NO NETWORKING DE ADVOGADOS

Manuel Barrocas[*]

O *networking* efectuado por advogados é ainda, para muitos advogados, um conceito estranho e indigno da profissão. Vem de longe o conceito da profissão como uma actividade intelectual própria de uma elite social: os advogados. Sem recusar o que de nobre esta afirmação encerra, está ultrapassada no que respeita à relação do advogado com a sociedade.

Nos tempos passados, o advogado vivia profissionalmente no interior do seu escritório, entre paredes forradas a madeira de carvalho ou no meio de estantes repletas de livros, com frequência finamente encadernados, esperando que os clientes o consultassem. O advogado tinha, então, uma ascendência social, além de superioridade de conhecimentos, sobre a maioria dos seus clientes.

Aquele conceito distante e solene do exercício da profissão está hoje substancialmente mudado. Não apenas no domínio da advocacia empresarial, mas também, em menor escala embora, no campo da advocacia do cliente individual. O *networking* alterou a postura do advogado, principalmente nas maiores comunidades urbanas.

Importa saber, pois, o que é o *networking*?

---

[*] Barrocas, Advogados

O *networking* não é mais do que uma actividade de criação e desenvolvimento de relações humanas. Pode ser visto numa dupla faceta: na relação advogado-cliente e na relação advogado-fonte ou potencial fonte de referenciação.

Na relação com o cliente, o advogado busca, não propriamente novos contactos, mas a forma de aprofundar e melhor solidificar a sua relação com ele. O networking, nesta acepção, não tem por finalidade obter conhecimentos pessoais novos, mas sim, fundamentalmente, a criação, pela actividade profissional do advogado, de valor acrescentado em favor do cliente, isto é, valor que se adiciona ao valor que o cliente e a organização empresarial que o suporta, se for este o caso, é capaz de gerar.

Isso implica necessariamente um conhecimento, o mais aprofundado possível para um advogado, da actividade profissional do cliente e o domínio dos pormenores e dos "segredos" dessa actividade para que lhe permita encontrar as melhores soluções no conselho profissional que lhe é pedido.

E deve fazê-lo de uma forma empenhada e entusiástica, como um elemento mais da equipa de consultores ou de colaboradores do cliente.

Esse envolvimento acarreta, normalmente, a criação de um capital de confiança do cliente no advogado e na sua utilidade, que o advogado deve saber criar e desenvolver pela importância e valor do seu trabalho.

A outra forma de *networking*, sem dúvida a mais comumente identificada com o vocábulo, tem a ver com a relação entre o advogado e o grupo de pessoas externas ao seu escritório que lhe importa conhecer para melhor potenciar as suas relações profissionais.

As pessoas-alvo situam-se quer no meio social geral, quer em meios empresariais, quer no meio dos seus próprios colegas, tratando-se principalmente de colegas de outros países.

Nesse campo, porém, o advogado movimenta-se com maior ou menor dificuldade. Na verdade, ele não estudou, nem foi preparado para "vender" os seus serviços, mas sim para os prestar com a dignidade exigida pela sua profissão.

Mas, uma conclusão, a este propósito, se pode tirar no sentido de melhor acomodar os menos afoitos. O advogado não deve nunca, seja em que circunstância for, "vender os seus serviços". Isso desqualifica-o, além de descredibilizar a profissão. Esta ainda é vista, *malgré tout* ..., como uma profissão de pessoas de bem, essenciais à vida em sociedade, que muitas vezes é apodada negativamente, mas no momento em que o recurso pelos detractores a um profissional do foro se torna necessário os ânimos mudam!...

Deve, fundamentalmente, mostrar a atractividade da sua personalidade e o clima de confiança profissional que ela é capaz de gerar no meio em que exerce a acção de *networking* e perante as pessoas contactadas.

Segurança, credibilidade e confiança são pois os atributos profissionais essenciais que se torna necessário transmitir.

A introspecção e o acentuado intelectualismo tantas vezes característicos da personalidade do advogado é, por vezes, um obstáculo que pode dificultar um bom *networking*.

A nossa experiência neste campo, sobretudo com colegas, a grande maioria das vezes de outras nacionalidades, revelou-nos que eles procuram a mesma finalidade que nós procuramos. E para além da maior ou da menor sofisticação, por vezes até mesmo arrogância, ou, ao invés, para além da maior ou menor simplicidade de cada um, todos procuram em meios sócio-profissionais, como a IBA (International Bar Association), a UIA (Union Internationalle des Avocats) ou outras organizações profissionais, alargar ou aprofundar os seus contactos como fontes potenciais de troca de experiências profissionais.

É claro que o *networking* exercido em reuniões profissionais internacionais é dispendioso e consumidor de tempo. Por isso, a par desse meio, outros se têm, mais recentemente, desenvolvido, como é o caso das *newsletters*, das redes *on-line* específicas para advogados ou para profissionais em geral, a participação em associações independentes ou exclusivas de firmas de advogados no plano internacional.

A IBA, por exemplo, constitui uma organização internacional de advogados em que, a par dos aspectos de natureza técnico-jurídica tratados nas numerosas conferências e seminários que organiza em cada ano, em vários dos locais do Mundo, tem preceituado nos seus estatutos a outra das suas grandes atribuições: proporcionar aos advogados membros convívio e contactos profissionais, em suma *networking*.

Não deve, por isso, constituir motivo de constrangimento a actividade de *networking* de cada um dos advogados participantes naqueles eventos. Estes são organizados também com esta finalidade.

Pertence ao passado e, seguramente, a um passado distante entre os profissionais da advocacia de países anglo-saxónicos qualquer espécie de bloqueamento psicológico nessa acção, que aliás é vista como um sinal pro-activo e prestigiante do advogado e da firma de advogados a que pertence.

Ao longo dos vários anos de ligação à IBA, designadamente em funções directivas, foi-me sistematicamente colocada a questão da dificuldade de penetração no mundo das conferências anuais a que, frequentemente, assistem três, quatro, ou mais, milhares de advogados de todo o Mundo.

A abordagem à IBA não deve, porém, ser feita, "enfrentando" a vasta e compacta massa de colegas que nelas participam.

A IBA está organizada em comités e secções especializadas em certas áreas da prática do Direito. É por aí que se deve criar e desenvolver relações profissionais.

O resto depende do modo como cada um acredite em si mesmo e no que crê que possa conseguir, internacionalizando os seus conhecimentos pessoais e profissionais.

6. Reporting on a changing (and more challenging) legal world

SCOTT APPLETON[*]
MORAY MCLAREN[*]

The seed for publishing *Iberian Lawyer* and all of the subsequent Iberian Legal Group projects grew out of a conversation in early 2007 in one of the many Starbucks that have been springing up across the City of London. A group of General Counsel and lawyers from UK law firms were talking about the changes in the European legal market. When the conversation got to Portugal and Spain there was a long pause. While the group was well aware of the best wines and tourist sites, they struggled to describe the Iberian legal market.

As one of the group said: "We now receive legal magazines from Germany, France and Italy, plus many from the UK, why is there nothing about Spain or Portugal?" Those present were regularly asked questions relating to their businesses in the region and increasingly for recommendations for local lawyers, but they were quick to admit that they had little information about the changing market.

When UK publications wrote about Portugal they often found the market difficult to understand – the size and professionalism of the largest firms, the lack of UK and US players, and the different economics and institutional structures of firms. Add to that the failure to appreciate, or at least to understand, the huge success of many of the smaller local firms.

The sentiment from London, we found, was also echoed in Spain. It was the Madrid law firms and General Counsel who were

---
[*] Iberian Lawyer

in fact the first to suggest that *Iberian Lawyer* be in English, and include Portugal. As the Managing Partner of one major Spanish law firm explained: "If you consider the strategic importance of Portugal for Spanish businesses, as well as the increasing cross border investments, it is surprising that we have such little information about the lawyers and firms there."

These first conversations led to the launch of *Iberian Lawyer* a year later with the stated aim of providing, for the first time, an international window on the Portuguese legal market.

An inside and outside perspective

From an outsider's perspective there are three main Iberian legal markets: Lisbon, Barcelona and Madrid, and all have distinct similarities and differences. Looked at more closely, the dimension of the Portuguese market has presented firms there with some restrictions over Barcelona and Madrid but also advantages.

While Madrid law firms have felt the impact of the wave of Anglo-Saxon arrivals over the past decade, Portugal's own leading firms have largely had the place to themselves. The notable exceptions being of course Linklaters and Simmons & Simmons, whose Lisbon debuts, some suggest, is due to historical relationships and chance – two strong local practices became available at the time when the UK's biggest firms were placing flags in new territories around the world.

The subsequent arrival of the leading Spanish firms in Lisbon is clearly the result of a strategy to create both an "Iberian" practice and profile, but here too challenges have been encountered – notably the ability of some to win work from the major domestic finance and industrial clients, and arguably a reliance so far on inbound Spanish investment.

A striking feature of the Portuguese legal market remains also that while many firms have grown significantly over the past five years – either organically or through merger – many of the most successful still retain their founding, practising, partners.

For some this has again presented strengths and weaknesses. The strong personnel networks and client relationships of the founding fathers have been leveraged across practice areas to help build large and very successful multidisciplinary firms. Our research has always shown that firms' professionalism and profitability compares well with their Spanish and wider European neighbours – with the heavy investment in know-how, technology and human resources infrastructure this requires.

In a quieter market, the challenge is now for a younger generation to maintain and expand upon these successful networks, while also developing the meritocracies required to retain talent – building and maintaining institutions that are more than the sum of the founding fathers.

Plus the arrival of new market entrants continues. An evident recent trend has been the departure of teams of senior lawyers from established firms to create their own small firms. Some have chosen to provide the most specialist legal skills required by the market, while others are still aiming to provide a "one-stop-shop" for a handful of clients – a high quality and well priced "outsourced" in-house legal team.

In scale, Lisbon's legal market is also more similar to Barcelona than Madrid, but with the important distinction that it is however more international. A result, perhaps, of the colonial history and limited domestic market. The growing economic significance of Portugal's former colonial territories and the Portuguese language opening up new horizons – indeed, Lisbon has now seen the first African law firm opening an office.

In any event, since Portugal joined the European Community in 1986 its major law firms have performed consistently well, servicing inbound investment and infrastructure development, including over the past five years a relatively consistent flow of Spanish investment. Now with a less dynamic domestic economy, its law firms are looking to assist clients capitalise on the new opportunities being presented further away, in Angola, Mozambique and of course Brazil.

Going global

Six years after those initial discussions in Starbucks, *Iberian Lawyer* remains the only regular and in-depth source of news and analysis on the Portuguese and Iberian legal community around the world. The changing footprint of the readership has marked the changing evolution of the Peninsula's law firms in line with the fluctuating local and global economies.

The original London axis focused on the banking and finance arena remains, and with Madrid as the conduit for Spanish investments. But more than half of the readership of 9,000 is now based outside Spain and Portugal – across Europe, North and South America and Asia. And we are now seeing the growing importance of markets such as the US, with particular interest in entry points such as New York and Miami, as well as the growing international awareness of Lisbon as a conduit for European investment particularly into Lusophone Africa and Brazil.

As Portuguese businesses continue to push internationally, *Iberian Lawyer* will be promoting the success of their domestic law firms. In addition to the regular events at the annual global conference of the International Bar Association (IBA), this year in Vancouver, we will also be hosting networking events in London, New York and Rio de Janeiro.

An evolving client base

One of the most innovative projects of *Iberian Lawyer* since its launch has been the series of regular forums organised by the Iberian Lawyer In-House Club. Such events bringing together General Counsel with the external law firms they use in order to discuss common issues of interest.

Since their inception five years ago, such meetings have reflected not only the changing needs of General Counsel but also the changing roles and responsibilities of in-house lawyers within their own organisations. As one participant began his presentation at the first of the *Listening to Clients* events:

"Three senior business executives visiting Niagara Falls for a company retreat decide to hire a rowing boat. The quiet water becomes much rougher as the clouds lower, a mist develops and they feel their small boat being pulled by an ever increasing current. Worryingly, they can hear the sound of the waterfalls but have no idea where they are.

As a brief window opens in the mist, they shout over to a man fishing on the bank: "We are lost, please help. Where are we?"

The man responds with a calm and confident voice which reaches them easily: "You are in a boat, floating on the water".

The mist drops quickly again and the wind and current continues to pull the small boat. Puzzled and still scared, they look each other. "That guy must have been a lawyer," says one executive. "He answered our question very clearly and correctly, but we still have no idea whether we are safe or heading into danger!"

Humour aside, a recurring issue has always been the difference in perspective and apparent tension between law firms and the businesses that give them their work.

Differences that, our research within *Iberian Lawyer* suggests, have been getting wider over the past five years – especially with the changes we have been reporting since the onset of the financial crisis.

Portuguese in-house lawyers, like those across Iberia and around the world, report that they have been hit very hard by the crisis – with a new dual challenge. Legal risk is rising up the corporate agenda in their businesses, with an increasing level of regulation. This comes at a time when there is increasing sensitivity, most often cuts, in the budget of the in-house legal teams. The over-used challenge "more for less" has been the main theme of In-House Club forums since the start of the financial crisis in the autumn of 2007.

Some suggest that as a result the legal market may have changed forever, while for others, the current changes have only served to highlight, and perhaps quicken, the challenge that was already clear: external lawyers have to be better at understanding the value they add to in-house legal teams and communicating that.

The rules of the game have clearly changed. Being a good lawyer and communicating that to clients is no longer enough.

Changing roles

General Counsel are now working more closely with the commercial, regulatory and strategic issues of their corporations. For some this signals a change from that of legal firefighter, policeman or even doctor, to becoming a business leader and risk manager of their organisation.

The in-house legal function of many Iberian companies, as with many multinationals, has evolved from a simply reactive role, managing legal needs and outsourcing what could not be done in-house, to becoming a business partner – with greater involvement in strategic decision-making – and regarded also as guardians of the company's values.

This new emphasis is indicative of the changing role of companies' in-house legal function. Legal issues are now increasingly higher up the list of priorities in Portuguese businesses, as is the authority and influence of the in-house lawyers.

As a result, General Counsel are organising the legal function in innovative ways and adopting new approaches to their relations with external lawyers. If being a good lawyer is taken for granted, what they now want and expect from external legal advisers is changing – to be a good listener, technician and trusted commercial adviser.

In-house lawyers are increasingly charged with making sure things work in the right way, encompassing ethics and compliance, corporate social responsibility, and even whistle-blowing issues. Clearly therefore the external legal advice many require has to take all of this into account – a one-size fits all approach may no longer work.

But as well as technical expertise and commercial awareness, many clients still want a high speed of response and service levels. Important also, is an understanding of the division of responsibilities within company legal departments and the relative priority of specific types of issue to the business. A key aspect is understanding the importance of "compliance" obligations particularly for businesses in heavily regulated industries.

The misperception among some law firms, suggest some General Counsel, is that a company's compliance function is less critical than so-called 'legal' issues. But such an approach they say is not only frustrating but also short-sighted.

An understanding of capital adequacy requirements, for example, is fundamental to the operational viability of Portugal's banks, impending European legislation such as the Solvency II Directive, will impact on the insurance industry, and the funds sector is now anticipating the impact of the UCITS IV Directive and proposed Alternative Investment Fund Managers Directive. Across all business sectors, helping to instil an awareness of anti-cartel issues and managing internal whistle-blowing procedures are now a growing area of emphasis for company legal heads, especially after recent high profile prosecutions in Portugal.

General Counsel increasingly need to encourage the three 'legs' of a business to talk to each other: the corporate governance element that establishes the company structure, the legal role that finalises how things are done, and the compliance function that can highlight what may be going wrong.

A close working relationship with external lawyers who understand and respect the ethics and nuances of a business can prove significant in ensuring that "trivial" issues do not become "vital" ones.

Changing emphasis

General Counsel and Head of Legals now have more responsibility within their organisations than at any other time. But in response to the greater operational pressures on them they need to look at their departments from different perspectives.

Increasingly they have to be able to distinguish between the legal work which is more routine or commodity and that which is of highly strategic importance – and to see how these different types of work can best be managed, internally or externally.

Such a distinction is being reinforced by the budgetary pressures now being imposed on legal departments as businesses experience concerns around revenue levels and the viability of business projections in the current uncertain markets. General Counsel now want to know therefore in what areas they should be placing emphasis – what are the most valuable aspects of their role and what can be outsourced.

Some suggest that the future trend is for legal departments to increasingly internalise more of the most important legal and compliance work, and to outsource a larger proportion of the less valuable, and less time-sensitive, issues. Others believe the opposite, that General Counsel will prefer to outsource higher value work.

Whether businesses will be increasingly outsourcing higher or lower value work – what some call strategic or operational legal issues – is therefore a critical debate for Portuguese law firms. Businesses will always need external assistance in areas such as major litigation, financing, restructuring or transactions, but how they will their resource their day-to-day legal needs is the key issue for the full-service law firms.

Changing relationships

Over recent years *Iberian Lawyer* has reported upon the changes to the ownership and structure of many of Portugal's largest companies. This is a process which the economic crisis is now accelerating, and to which Portugal's law firm must also respond. Established client-law firm relationships have in some cases been lost as there have been changes in control or a new generation of leadership taking over.

As a result, General Counsel say that they do not now pass all of their legal work to one firm, and they are now using a range of law firms. Established economic alliances and allegiances between businesses are now more than ever in a state of flux. Developments can be felt particularly in the banking and finance arenas, but the process of restructuring many of Portugal's major manufacturing and services companies, as they have looked to adapt to the slower economy, has seen a lot of new investment opportunities emerge out of the recession.

Opportunities or threats

The change in market dynamics and client demand is here to stay, believe many. Both law firms and General Counsel will have to adapt the ways in which they work. Law firms can see this as a challenge or an opportunity. Well managed, focused firms that have the discipline to determine and execute well thought-out strategies will continue to prosper.

Even in the face of such economic pressures, fundamentally in-house lawyers are looking to their external advisers to offer expertise they are not able to manage internally, or to answer the questions they may not even know to ask. The ultimate goal is for outside lawyers to tell the legal department something they cannot know – to help them look around the corner or see over the horizon.

"Our current requirement is a legal satellite navigation system to signal the legal bends and holes in the road ahead," suggested a Portuguese General Counsel during one In-House Club event.

The challenge for law firms is therefore how to benefit from the current changes and openness in Portugal of General Counsel to work with new lawyers. Firms therefore need to better define their marketing and communications strategies, but most importantly have to implement them effectively. That is the more difficult part.

The goals must still be to establish and reinforce positioning, branding and association, but the channels used may now be different. The emphasis of many firms is now on proximity, of getting close to the client in order to "hear" what they are saying about their own needs.

The most successful law firms are therefore increasingly taking a more pro-active approach to the way they present and market their practices, to better understand their clients' business and to be able to pre-empt issues before they arise. There is as much a demand on ensuring that "minor" everyday issues do not become "major" headaches than the major strategic commercial legal needs.

In order to help stop their clients from falling over the "waterfalls" that increasingly confront them, Portuguese law firms need therefore not only to be able to tell General Counsel that they are indeed in a boat and adrift on the water, but to see the dangers ahead, to throw them a line and to guide them out of danger, into calmer and more certain waters.